地域再生のヒント

本間義人
檜槇　貢
加藤光一
木下　聖
牧瀬　稔

日本経済評論社

はしがき

いま、なぜ再生か

戦後六五年が経ちました。想えば、私たちは急ぎ足ですぐに形に表われる結果を求めて生きていました。やらなければならないこと、やってはいけないことをわかっていながら、時間のかかることや難しい調整を要することを棚に上げて、できることから進めてきました。夢や理想よりもすぐに出せる結果が大事なことでした。時間がない。そんな難しいことではみんながついてこない。そんな言い訳をしながら、たくさんの現実的対応を行ってきました。それらのすべてが集約されて、すっきりとしない社会がわれわれの前にあります。

このままでは未来が開けない。このままでは日本の社会が立ち行かなくなる。そんな実感を国民が、政策担当者が持ち始めています。この社会をつくり上げた発想は価値よりも効率、文化よりも経済、ソフトよりもハード。どれもまさに急ぎ足の思考によって選択されたものでした。

今からでは取り返しがつかないことも少なくないのですが、いまの社会の人々は少し反省しているように思います。やり残したこと、大事なこと、その時にはまだ早いと思ったこと、忘れてしまったこと……。それらを今からでも遅くないと思い起こし実践していくこと。その思いをすべて集めて、一言で表現する言葉。それが再生なのです。

そのためでしょう。市中には再生を表題に掲げる図書、論文、資料がたくさん出されています。それらのほとんどは再生の説明をしていないのですが、再生という言葉にはどこかに忘れ物を取りに帰るという感じが付きまとっています。

中央依存からの離脱

地域再生もこれと同じです。六十数年前には戦後の誓い、民主主義、地方自治、人権保障等の理念がありました。われわれの社会はその理念と原則をわかった上で、それらよりも復興、経済成長を優先させました。それを効率よく進めるためには地域の意向を大事にする地方分権よりも中央集権でした。二つとない地域の自主性を踏まえるのではなく、どこの地域にもない社会イメージによる政策、戦略、事業が選択されました。永田町と霞が関が認めた地域問題と事業システムが実施されました。時間がない。そんな難しいやり方ではみんながついてこない。いつもできることから進めようというものでした。地方分権を明記した憲法の実現が遅々として進みませんでした。

実は地域再生は永田町や霞が関が発火点でした。これまでもたくさんの地域再生を命題にする方策が打ち出されました。ふるさと創生以来の補助金漬けの地域再生方策でした。国の政権動向や財政事情に左右される継続性の保障されない方策でした。自治体の政策担当者が政策形成において地域住民の動きよりも永田町や霞が関の動きに注視していました。中央依存、補助金行政を批判する同じ人がそのしくみを支えていきました。

ここでの地域再生は、中央主導の地域再生とは異なっています。これまでの急ぎ足の思考をやめて、忘れ物を取りに帰るような動きを指しています。まちづくり、地域づくりは他人任せでした。地域住民は市町村行政に任せ、市町村行政は県や国の行政に任せてきました。永田町と霞が関の仕事を作っていたのです。この構図からの脱却がこの地域再生にはなければなりません。

地域再生のヒントの五つの視角

基礎的自治体での地域再生。これを地域住民と行政が自主的に進めること。それも地域社会の立場に立ってじっくりと、確実にすすめることが必要なことだと考えて本書をまとめました。このような地域再生の担い手にとっての活動のヒントにならないか。それで書名は「地域再生のヒント」としたのです。

この本は五人の研究者によって書かれていますので、当然のことながら、そこには五つの視角が記されています。第一は住民・市民の政策力です。地域再生の主役は行政ではなく自治体の住民・市民であることを示しています。第二は農業です。農業の原点に迫りながら、地域産業の基盤にある農業を集落営農と直売所を切り出して表現しています。第三は地域福祉です。地域福祉は地域的共同性の柱になりつつあります。福祉のまちづくりの可能性を示しています。第四は地域政策そのものについての議論です。再生の現場としての自治体での取り組みとその苦労が示されています。

そして、最後の五番目は自立的まちづくり計画の必要性です。巧妙に中央主導が組み込まれた国土形成計画やその他の計画を批判的に検討し、本格的なまちづくり計画の必要性を導いています。

この本は地域再生に係わっている人々に読んでもらいたいと思ってつくりました。地域再生の担当者、研究者、学生に読んでもらいたいのです。事例をふんだんに盛り込んだのもそのためです。目次をめくり関心のある場所から読まれることを想定しています。この本がここで求めている地域再生の一助となれば幸いです。

二〇一〇年九月

檜槇　貢

目次

第一章　市民的地域政策は可能か

檜槇　貢

つがる市の街の駅「あるびょん」．商店街再生のシンボル施設である

1　住民と市民的地域社会の出番

(1)　住民の足元からの地域再生

①住民、市民のところに地域のしごとが帰ってくる

はっきりとさせておかなければならないことがある。地域再生や地域活性化は、どこかはるか遠くで起きている社会的政策上の課題やできごとではない。住民、市民が中心に動いている地域社会の日常生活におけるテーマである。地域再生、地域活性化は現代社会における喫緊のテーマなのであって、その現場は住民、市民の身近な地域社会である。だから、その解決は住民、市民の活動現場でなされなければならない。

たとえば、リゾート開発を取りあげてみる。一九六〇年代後半の日本では、どんなところでも構想された。リゾート開発はその時代のまさにブームであった。不便な場所、経済的効率性の劣っている場所に焦点が当てられた。その分、リゾート提案の多くは、山間部や海岸線に住む人たちにとって大変な福音だった。政府や都道府県が企業と取り組むものであろうが、企業や開発会社が単独で実施するものであろうが、それまでの閉ざされた地域社会を開く有効な手段に思われた。その多くは交通条件が悪く平坦地の少ない土地であった。放っておくと、人口がさらに流出し、遠くない

将来に人が住めなくなるかもしれないと思われていた。そんな場所であった。

国内には使い勝手の悪い場所の方が多い。たとえば、中山間地域である。そのほとんどは当時盛んにもてはやされた企業誘致ができるようなところではない。この先も豊かな暮らしの実現を諦めるしかないと、そんな地域の住民、地域社会、自治体の人びとは思っていた。まさに、宿命だとあきらめる土地が多かった。だから、不便な場所をリゾート開発によって、そのようなところを使える土地に変えるという構想が出されて、地元住民も関係する都道府県も市町村行政も喜んだ。

細々としたそれまでの生活すら支えることの困難な場所。岩場のゴツゴツとした海辺、魚介類すら採れない美しいだけの浜辺、山菜や鳥獣をとり、薪を拾い、炭を焼いて生活していた集落から遠く離れた場所。不便で捨てられた場所。そんな場所を人が大勢やってくる場所に変えてくれる。開発してくれる。ありがたいアイデアだった。先祖から伝えられてきた土地であっても、ほとんど人が通らないようになった場所を、都会の人が集まってくる浜辺やスキー場に作り替えてくれる。そこに多くの人が関心をもち、海や山に旅人が集まる。多くの観光客がこの地域に入ってくる。地元住民がそんな夢と期待をふくらませる時代であった。

このような時代に発想され、着手されたリゾート開発のほとんどは成功していない。無理をおして開業した地域の多くで、赤字を累積させ事業を停滞させている。夢のような開発構想でもそれが自治体行政の産業計画であり雇用機会を作り出す対策なのだから、策定された事業計画を簡単には失うことができなかった。法令、予算等の手続きを踏んだ上で実施した事業なのだから撤退することは容易なことではなかった。その中止・撤退したあとのやりくりが大変である。

夢のリゾート構想のままで開業した地域もあるが、それ以前に開業できなかった地域はその何倍もの数におよんでいる。進出しようとした企業が早々にあきらめ撤退したもの、いろいろな変転があり企業用地として凍結させたままの土地、誘致企業の求めに応じて自治体行政が買い戻した土地。そんな場所が各地に点々としているのが現代日本の状況なのである。

九〇年代の前後までは、地価が上昇してそんな状況になってもなんとか土地活用の帳尻を合わせることができた。それ以降には、開発の進んだ場所、取り残された場所を問わず、地価下落とデフレの波がおおっている。多額の債権・債務の処理が行われないと帳尻合わせもできない。結果として、放置された。そんなリゾート予定地が自治体行政の仲立ちや市民活動の風に吹かれるようにして、住民の居場所に戻りつつある。四〇年も経って人間社会では、リゾート開発の夢から覚めて、再び生きる歩みを始め出した。その間、開発予定用地は野ざらしにされて、そこにあった自然が回復しているという報告さえも聞くことになる。

②住民の生活再生こそ課題

このようなリゾート開発の残務処理は、一つの例だが、多くの開発において、関係する土地や設備が住民、市民の足もとに帰ってきている。それを放置するわけにはいかない。それどころか、地域に生かす資源として再認識し、その土地や設備を未来に向かって手直しすることが求められることになる。ただ、このことは簡単ではないし、小手先の操作で可能になるものでもない。ましてや、それに代わる新しい夢が与えられるわけでもない。多くは関係住民を真ん中に置いて、生活再生に絡ませながら一歩一歩進めることになる。

それが地域再生なのだ。経済や社会の構造的転換の過程にあって、地域再生のテーマはどこにでもあるし、地域社会に係るあらゆるテーマに存在することになる。第二節において取りあげているような働く場、住民・市民の生活を支える機能がその対象として想定される。それらはどこかはるか遠くの社会的政策の課題やできごとではなく、住民・市民が中心に動いている地域社会の日常におけるテーマだということである。

ここでの住民とは、生活世界をその場所に展開している人々のことである。また、ここでの市民とは、それぞれの生活世界からものを考え行動するという点では住民と同じだが、住民とはスタンスが異なる。住民の生活を遠くからみつめつつ、生活世界のサイドから夢を創り上げ、地域社会づくりの運動に重ね合わせる人たちである。ふるさと意識、環境価値、地域福祉、地域文化重視等の価値重視の発言と行動がとられる。(3)の市民の立ち位置について述べているように、市民の発言は居住地にこだわる住民にとっては、地域を離れた社会的課題や夢を動力にしていることもあって、無責任で身勝手にうつることも少なくない。

いずれにせよ、本章での地域再生は主体のはっきりしない地域の再生ではなく、住民・市民の生活再生に絡んだものを対象としている。

③地域再生は市民と行政の役割交代から

もはや官主導の時代ではない。中央政府の官僚モデルは政治主導による調整を余儀なくされているが、地域社会においては、住民・市民主体の活動を取り込んだ政策モデルが模索されている。住民・市民の行政のシステムへの参加から住民・市民の活動と行政の事務事業との協働への転換はその模索状況を表現している。協働という言葉については、本節(3)において述べているように住民、市民と行政とのコラボレーションを目指す状況を説明する用語であるが、その表現以上に、事態は動いている。地域社会に足場を置く住民、市民が動かない限り、成果はでないのである。

かつての政策の枠組みから離れて、地域の課題に挑戦する住民、市民が登場している。同時に、かつて前衛で構えていた行政が後衛にひいて、地域課題の解決に向けての地域なりの役割分担関係ができつつある。そこから生活の現場、住民の足元にあるリアリティが地域社会のものとなり、社会化されているように思う。もっとも、自治体行政に従事する職員は、その一方で行政の枠組みを離れて、いわば自由に市民として行動していることを付け加えておきたい。

(2) 地域衰退の図式

①地域政策のミスマッチ

ある中山間地域の町の首長が私に語ったことがある。行政上の施策をやればやるほど人口が減少する。自治体行政として、一所懸命しごとをしてきたが、結果として得られたのは人口の減少であり、地域の衰退だったというのである。都道府県や中央省庁から指示される事業や施策は、教育、福祉、道路等のハードな地域基盤を整備するのに有効であり、それもまとまった財源を伴うために、担当者はしごとをしているという実感をもてるのだが、ヒトとカネが投入される割には地域社会が充実するわけではないし、元気になるわけでもない。生活世界とは別個の地域政策のいわばゲームがなされているというしかない。もちろん、成果がないからといって、行政マンの誰も責任をとることはない。このことはこの特定の中山間地域にだけのことではなく、いわゆる行政主導の地域政策一般に生じているものである。

地域の再生、地域の活性化のヒントや事案は世間に満ちている。全国各地には事例が豊富にあるし、中央省庁や都道府県の担当者はそこからの事案を前例とした様々な政策メニューを地域社会に教示してくる。自治体行政の担当者には、何を選べばいいのか迷うほどたくさんあり、それらを頑張って実現しようとする。制度のしくみに沿って処方箋をつくって動く。工程表に従って生真面目にしごとをこなそうとするわけである。このことは行政担当者としては前向きで望ましく、達成感があるのだが、その成果は実際の社会に届かないことが多い。

妙な言い方だが、多くの自治体行政は一所懸命にやって、その結果地域を衰退させている。少なくとも、衰退の流れを止める決定的な施策を打ち出せないでいるとしかいいようがない。

②中央政府の政策力の衰退

長期的視点からすれば、地域政策は集権型から分権型へ転換しつつある。生活重視の地域政策への移行が行われている。政策に関する情報、権限、規制、カネ、ヒト等は徐々にではあるが、中央から地方へ移行しつつある。それも三〇年、四〇年という世代間変遷にかかるような時間をかけて、ゆっくりと動いている。ここでの地域再生、地域活性化はそんな転換・移行過程において生じている課題でもある。

政策情報のうち問題状況を表現する全国的統計や調査結果は相変わらず中央省庁の手にあるが、かつてほどの優位性はない。むしろ近年では、個別地域での新たな動きから紡ぎだされる事実や発見の政策上の有効性が実証されている。また、権限や規制力については、地方分権改革の成果として、首長等のトップのリーダーシップさえあれば、その実行を阻む条件は少なくなった。既得権に対抗する気概と実行力さえあれば、新たな政策の実現が可能になる時代となった。同じ時期に、二〇〇九年九月における国政の政権交代の経験を通じて、中央省庁の政策力の衰退を見せつけている。また、少しずつではあるが、中央省庁においてカネやヒトの条件も悪くなりつつある。税財源の配分は、地域主権を主唱する政治的掛け声のなかで地方寄りを指し示しているし、地方志向の国家公務員が着実に増えている。地域政策推進の魅力は中央省庁の活動にあるのではなく、自治体行政のしごとにあるという認識は広がりつつある。

ただ、それにもかかわらず、いまだに集権時代の慣性のようなものがあって、住民、市民と自治体行政だけでは課題解決に向かって突っ走れない。少なからず中央省庁依存なのである。地域政策において公共事業のウエイトが下がっているとはいえ、土木国家としての志向や施設主義的政策が依然としてはびこっている。

③地域経営の貧困

地方分権改革が進められているなかで、自治体行政が活性化しているのかといえば、現実は否定的である。一言でいえば、地域経営がうまくいっていないのである。本来、地域経営は総合的計画を中心に総合的計画的に進められるものだが、多くの地域でそれがうまくいっていない。それは次の三点によるところが大きい。

一つは市町村合併である。平成の合併が二〇〇五年、二〇〇六年を中心に進められ、二〇一〇年三月末をとりあえずの区切りとして全国各地で行われてきた。その目標そのものについては議論があるが、ここではふれない。市町村合併はそれまでの複数の自治体を一つにすることであって、新たな広がりにおいて地域経営が進められる。たとえ地域条件が隣接していることなどから共通のものであっても、旧市町村間の利害や事業等の優先度については容易には調整できない。結局、関係地域の利害調整を、妥協に妥協を重ねて、行われることになる。そんな自治体行政による地域政策に地域を経営する力として期待できるはずがない。そのような自治体行政が、より狭い地域としての地域社会を、生き生きとさせることもできない。実際に、いくつかの合併市町村を観察しているが、構成する旧市町村の地域社会にまで届くリーダーシップを新しい行政が発揮しえていないのが実態といえる。

もう一つは住民・市民の政策参加である。それ自体は後述しているように長期的にみて必要なことであるが、自治体行政はこれまで住民、市民のニーズをつかみながら地域経営を進める技術をもちえていない。たしかに、参加型行政はどのような自治体行政にあっても目標として示されている。だがそこに、住民・市民の活動およびニーズと自治体行政の政策シーズはつながっていない。今日では、ほとんどの自治体においても市民による政策ワークショップ等が実施されている。行政の枠組みとは別個のアクションや問題解決の手法があり、その充足の必要性とそのためのしくみづくりを担当者レベルでは認識されている。だが、残念なことに、そのようなことと実際の行政上の政策とはつながっていないことが多い。ワークショップは住民、市民の生活世界からのニーズをくみ上げであって、地域環境において独自の政策的枠組みを目指すものなのに、行政上におけるこれまでの政策的枠組みがその実現を許さない。結果として、ワークショップが、政策とのつながりの少ないイベントのような位置づけに、なってしまっている。

そして、三つ目は自治体における企画調整力が未整備だということである。この課題は古くて新しい。一九六〇年代後半に認識され、七〇年代、八〇年代と自治体行政の企画調整力を高めることが志向された。当時の横浜市、神戸市はその実践性において全国の自治体行政をリードしていた。ひとことでいえば、中央省庁、府県の縦割り行政から下りてくる事務事業を都市、地域の未来に合うように横に並べ直し、総合的計画的に推進することであった。計画よりも財政を重視するなかで、近年ではこのことが強調されなくなったが、地方分権、地域主権を旗印にしている自治体行政においては、依然として大きな課題なのである。

今日の自治体行政は、合併によって地域政策の空間的整合性を見失い、旧来からの調整力の非力さゆえに住民・市民の参加要請に応えらない。また、首長の政策方針を支える総合力、計画力が十分備わっていない。これらのことをもって、自治体行政中心の地域経営は、依然として貧困だと言わざるを得ないのである。

④住民・市民の行政依存

それでは、住民・市民はどうか。住民主体のまちづくり、市民による地域活性化の動きは枚挙にいとまがないほどである。一九九八年一二月にはNPO法人制度がスタートし、それをまたぐように、二〇〇〇年前後の時期には、市民活動をサポートする組織が全国各地につくられた。NPO法人制度は一七におよぶ活動分野が示され、住民・市民主体の自発的活動に関するテーマ型組織の制度化が進められた。テーマ型の住民・市民主体の組織化に刺激されるように、町内会・地域自治会の住民の活動組織の点検が行われるようになった。町内会・地域自治会への加入世帯の減少、担い手の高齢化という流れのなかで、その微妙な役割が変わろうとしている。

住民・市民による活動のあり方については、後述するので、ここでは行政との関係について述べておきたい。ＮＰＯ法人等のテーマ型の住民・市民主体の活動はその始まりにおいては、ミッションを軸に組織化され行動が起こされる。だが、住民と行政の関係がいわば官中心の縦割りにより進められてきたことも事実である。保健、医療、福祉、社会教育、環境、国際交流等の自治体行政の枠組みに沿うようにテーマ型の住民・市民活動が展開されている。

たしかに、これらのテーマは住民の生活世界に密接に関連し、それらの組織が個々のミッションを基本に自主的に活動を行っているのだが、まるで実行上の保証人のように自治体行政の担当セクションの存在が垣間見えている。人材、情報、資金、施設等のバックアップは目標とした市民活動の理念と行動を曇らせている。いったんは住民・市民の行政離れと自立的展開の可能性を見せたが、市民と行政の「協働」という便利な言葉によって、再び行政側に引き寄せられている。この協働が持ち込まれた背景に自治体行政における財政条件の悪化があった。つまり、それまで行政が実施していた住民サービスを住民・市民サイドに引き渡しているのだが、市民の論理を貫徹させるよりも、それまでの行政的色合いをさらに強くしていくことも懸念される。

(3)　地域再生における市民の立ち位置と武器

①住民と市民的地域社会

地域再生は先に住民・市民の生活世界を起点に進められるべきだと述べた。地域再生は地域社会の名前をかりた行政により実施されるものではなく、住民・市民の立ち位置を明確にして、住民・

市民が主体的に地域再生の現場に入り込むことが求められている。すでに、地域政策は官から民へ、中央省庁の政策から地域社会を支える地方へと流れができている。補完性の原理が求めているような、課題に対処すべき主体とそれを進める主役を住民、市民に求めている。その行動を基礎に彼らを自治体行政、府県行政、中央政府が支援するという構図を確認したい。

前項でもふれた協働は、住民・市民と自治体行政のコラボレーションによる推進を指すものである。この協働の用語をあてる考え方には、その主体としての住民・市民と行政は根本的に違うものだという認識が前提にある。本稿において住民・市民とよんでいる組織やしくみはボランタリーアソシエーション（自発的に自由に集まった人々）であるのに対して、行政は官僚制の理念の下で組織化されたものである。ここで住民・市民と行政は同じ社会の組織でありながら、その結集の仕方としてはまさに対極に位置している。いわば、住民・市民と行政は水と油ほどの違いがある。音楽でいえば、洋楽と和楽くらいの違いがある。この違ったものを一つの地域社会において展開しようとするものだから、異なったものを一つのものにするという意味で、「協働」、コラボレーションというのである。

行政とはしくみが違うという住民と市民について説明をしておきたい(1)。住民と市民の社会的組織化の本質はともにボランタリーアソシエーションである。理念やミッションに従って結集した人々である。社会的活動を行うには、組織や名称が必要だが、そこに係わる人びとにとってはそれほど重要なことではない。大切なのは、そこで何をなそうとするのかという理念、ミッションであって、そのために参加しているのである。その結果、組織としてはまとまりがないし、流動的で一時的で間欠的な存在特性だといわれている。だから、組織の名称は活動プロセスそのものを示すものであったり、あえて政府や企業の組織とは違う表現をとることになる。その組織形態は非制度的であり、非官僚制としての活動スタイルを特徴にもっている。○○の会、△○隊、○×塾等の愛称のような名称がみられるのはそのためである。

社会変革やサービス志向のボランタリーアソシエーションの中心には創設小集団があり、その周りに不特定の流動的な支持者集団がある。理念、ミッションによる重層的な集団形成が行われている。しかも、この集団形成は民主的な手続きによるものではない。手続き以前の衝動にも似たメンバーのネットワークとして成立することが多い。いわば志を同じくする人びとは集まってできるものである。もっとも、このような活動が積み重ねられ、継続的に進められるためには、ある程度の組織化の条件と物質的基盤が必要であるが、組織上の本質は官僚制のしくみの対極に位置している。極論だが、活動のための建物、給与、その他の固定費といった経常経費は想定されていないし、メンバーの行動特性はボランティアである（だからといって、活動費は無給でよいというものではない。相当の対価は当然のことである）。生活者の視点を重視する立場からプロフェッショナル（専門職業化）さえも避けることになる。

現代の地域社会は、住民・市民としてのこのようなボランタリーアソシエーションと自治体行政の職員が相互乗り入れしているステージである。住民・市民による生活世界からの状況、課題、運動の掘り起こしが行われ、それに自治体行政が呼応しながら企画調整力を総合的に展開し、地域・都市再生を進めるという図式である。その間の橋渡しには住民・市民の活動が係わるが、そこにも自治体行政職員が係わっていることが多い。地域社会ならではのことといえる。

この二つの主体の協働によって、市民と行政、政治行政、地域と企業等のフォーマルな関係を変えないで、変革の実績をつくっていくということが進められている。このような動きにおいて、自治体行政の内部的変革が想定されている。それまでの中央政府、府県に政策や行動のあり方を求める姿勢からの転換が起こり、それまでの官僚制的な対処による抽象的教訓的対応から住民・市民の生活現場をベースとする市民自治志向による現実的な解決策の形成が進むという図式である。

住民・市民の活動が多ジャンルに広がり、活動内容としても幅をもつようになったのが現代社会である。ここで住民と市民を区分して議論をしてみたい。区分のメルクマールは、住民は空間的規定性が強く、市民においてはその活動に理念性が強いということである。居住を基盤とした市民の集まりとしての住民は、その地域文化を共有する人びとであり、市民と比べれば、生活の共同性が根っ子にある。これはあくまでも比較の問題ではある。その点、市民はグループとして結集する理念やミッションを接着させている。さらに、活動の場、資金、スタッフ等も重要になる。考え方としては、市民グループの理念とミッションがこのような物的な要素を引き寄せるのだが、現実の運用ではその実現は容易ではなさそうである。かくして、住民とはその活動の起点に居住する具体的な地域社会のある人びとのことである。市民は住民と同じ生活者なのだが、居住する地域から離れ少し客観的にとらえる立場から行動している人々ということになる。

②住民・市民の位置取りが変わる

地域社会では、主題によって、自治体行政に代わって住民が軸になって行動することもあるし、市民が軸になって行動することもある。地域再生を通じて、地域社会では多元的な政策ネットワークが展開されることになる。もはや、住民・市民は単なる行政サービスの受け手ではない。そのようなポジショニングがあることを否定はしないが、住民・市民は市民的地域政策の担い手としての位置取りをもつことになる。すでに言い尽くされていることだが、市民の参加から市民の参画へ、市民協働の地域政策形成へということになる。

まさに、現代自治体への問い直しが始まっている。地域主権の実質を備えようとする自治体は、行政、住民、市民、企業、その他のしくみがその対象とする全体としての地域経営に係わり、市民自治の総合的政策展開が進められることになる。そのような中で、行政の自治体機能は転換し、市民活動の役割が向上する。

このような動きを通じて、戦前戦後の時期を中心に地域社会から行政に集められた地域づくりのしごとが地域社会に戻されていくことになる。住民・市民の生活世界に係わることまで政策課題として先取り的に行政に集め、政策対象とし、それを進めれば進めるほど衰退すら招くという状況からの解放が可能となる。わが国社会が、官の国土、官の県土、官の市町村域、官の大字小字として育成された。それが地域再生をはじめとする現代社会の課題解決を通じて、市民の国土・県土、市民の市町村域、市民の大字小字に変わることになろう[2]。基本的には、地域再生のステージがこれまでの官の地域社会から市民的地域社会へ転換し、地域再生の担い手に住民・市民がなっていくことである。

③市民的政策思考の地域再生力

住民・市民の地域政策について市民的政策思考についてもふれておきたい。この表現は松下圭一の「市民のポリテックス型政策思考[3]」を発展させたものである。この政策思考にはサイエンス型政策思考批判から出発している。サイエンス型政策とは、科学技術から導き出される政治経済社会の分析結果をもって、政策を立案し実施していこうとするもので、その思考方法をとることによって官僚中心の政策形成に準拠して地域政策、地域づくりが進められた。科学的な手続きによる資料の収集と分析、数学モデル等による解析が政策分析に持ち込まれた。そこには政治の世界にあるはかりごと、情緒的なこと、その他の非合理的なことを跳ね飛ばす行政上の工夫であったことは認められるとしても、その一方で、地域社会で生じる個別具体的な政治的価値判断の要素を排除・否定することにつながった。同時に、官僚独占の政策形成を維持させることになった。そして、行政主体の政策展開が所与のもの、当然のものとして進められるようになった。

ここでの市民的政策思考は身近な社会における市民のポリテックス型政策思考を踏まえて、自治体政策の現場において実施されることを想定したい。住民、市民の生活世界を起点とするダイナミックな政策形成が行われる。すでにふれたように、自治体の政策現場は行政主体、行政主導のものであってはならない。住民、市民との参画と協働の政策形成が行われており、地域政策の形成過程には住民・市民の元気さが求められるようになっている。

そこでは、地域社会におけるニーズは住民・市民の活動を通して提起され、地域資源の活用等につながるというニーズ・シーズの好循環が可能になる。このようにして、地域再生の課題が住民・市民の生活世界から拾い上げられ、多様な角度からの方策がつくられることになる。

④コミュニティ支援の有効性

ところで、ここで住民間、住民市民間、さらには地域社会同士の相互支援としてのコミュニティ支援に関してもふれておきたい。市民的政策思考が進められるなかで重要なのは、従来の垂直的支援ではなく、ネットワークによる横型の支援が必要になる。支配と服従の関係に似たような援助、助成、補助ではなく、「お互い様」の文化に基づく多様な支援（サポート）機能が必要である。支援は支援される側の主体性を認め、それに委ねようとする行為である。人、モノ、カネ、情報、施設等の必要とされるものは何でもその対象になる。

住民・市民同士が支え合うことを筆者はコミュニティ支援という用語で表現している。いわば相互支援である。その起源は相互扶助にあるのだから、考え方としては有史以来のものである。だが、官による地域社会の管理が進むようになって、その相互支援は衰退した。それからの回復が一九九〇年代から始まった。まちづくりセンター、サポートセンターというしくみが主要な都市部を中心に広がった。市民活動の展開を認識した活動助成のしくみが各地につくられるようになった。たしかに、かなり以前から、地域社会には公民館をはじめとする社会教育の施設、コミュニティ施設等がつくられていた。ハコモノ行政である。これも今日的な視点によれば、支援の一つにみえるが、そこには住民・市民の主体的活動を想定し、それを物的に支援する考えはほとんど取られなかったことを忘れてはならない。

近年では、市民活動サポートセンターは多くの地域、都市に設けられている。住民、市民の活動を支援するNPOも動いている。事業費の活動助成も多くなっているし、行政の事業メニューには従来の行政依存の構造を維持するような地域団体補助制度をやめる一方で、先行する住民・市民団体への活動委託費等が増えている。二〇〇一年からは認定NPO法人制度等による税の優遇措置も始まり、改善が進んでいる。

2　市民的地域政策による地域再生

(1)　住民、市民主体の地域経営

①住民、市民は何ができるのか

地域再生にせよ、それ以外の地域社会に関するテーマにせよ、本章での論点は住民、市民が主体となった地域政策は可能かということである。理念やあるべき論としての住民論、市民論は可能であるにしても、実践的なフィールドにおいて地域政策は可能なのか。たしかに、今日の地域再生、都市再生の課題が住民・市民の足元にあるからといって、住民・市民が本当に動けるのか。それも効果を出せるようなものなのか。それはいったいどんなジャンルなのか。そんな課題設定に答えを出さなければならない。

前節に述べているように、住民・市民の地域政策におけるスタンスは明確になっている。それを具体化する先駆的な動きもある。また、地域課題への対応に市民的政策思考は有効であるし、住民・市民の活動を側面から支えるコミュニティ支援の体制も各地においてつくられている。住民・市民は地域課題への問題解決に向けての結集力もある。住民・市民はよくも悪くも地域再生の最前線にいることは疑いない。

住民は身近なテーマから地域社会のあり方を確認し発信するものだ。地に足をおいた具体的な利

害関係のある地域において問題解決の方途を探る。住民なればこそその地の利害得失をわかっている。その上で、住民、市民、行政と一体となって解決を見出そうとする。それに対して市民は住民・市民のあり方を抽象化し、理念化して課題を解き明かそうとする。地域のビジョンやイベントは市民にとっての行動目標であり、手段である。市民は地域全体もしくは生活課題の切り口のテーマから地域課題に迫ることから、住民と行政をつなぐ役割を演じることも多い。

もっとも住民・市民の活動は決して大きくはない。彼らの周辺に人手もカネもないのだから、その始まりにおいて大きい動きになるはずがない。だが、社会的インパクトはある。住民はその居住する地域の課題である限り付き合っていくが、市民にとってはそれがない。理念とミッションが頼りであって、その存在感がなくなれば、活動は急速にしぼむものである。住民・市民の地域政策参加はいつでも始まるしいつでも終わるということだ。しかし、そのような動きこそが、官の地域社会から市民的地域社会への切り替えになっていく。

②地域総合化のしくみ

住民、市民の地域政策への動きはそれ自体だけで成果となるものは少ない。自治体行政や企業等との連携によって初めてその効果が出るものが多い。住民、市民の地域政策は地域、都市の構成員としての解決の初動であり、次のステップを想定した行動である。その後に展開される主体間のネットワークとその相乗関係を予定したものだといってもいい。生活現場からの解決を目指す住民、市民の活動をフォローし地域全体の課題にしていくのは自治体行政の役割である。

個々の課題と地域資源を組上にあげて、手段を対象地域において戦略化し空間的時間的にロードマップを仕上げ、その実現の進行を管理していくことが自治体行政に期待されている。これは計画行政として期待されてきたものであって、下からの地域再生にあっては、一層重要になっている。企業やコミュニティシンクタンク等の専門家集団等も自治体行政における地域総合化の動きの下で進められる。中央省庁や都道府県と自治体行政とのこれまでのつながりは、このような段取りにおいて、十分に活かされることになる。

③発展的再生の道すじ

地域再生は住民主導、市民主導による課題が多いし、そこに係わり合う主体が積極的につながることで、それまでの顔の見えにくい主体としての行政主導のものとは異なる動きが生じる。人びとの生活世界にまで引き下ろして、生活次元での地域再生の解決策をつくり上げ、それに市町村行政がついていく。そんな方向とスタイルを認識したい。

地域社会は本来人々が集まって住む社会である。この地域社会において、人が集まるという単純なことが少なくなった。学校も病院も商店街も、そして行政ゾーンでさえも集まる場としての衰退が起きている。技術革新による生活の個別化、高度情報化等によるネットワークシステムの整備等によるものである。わざわざ出かけて行かなくても済む状況が地域社会に広がっている。地域社会において集まる場の衰退・喪失は由々しき出来事だと言わざるを得ない。以下では、地域社会に係わる「働く場」「支える場」について少し詳しく検討してみる。

(2)　働く場の再生

①持続性重視の地域経済の発想

企業は市民である。地域社会に対して、住民としてのアイデンティティを持っている法人市民である。企業は創業した地域や立地した地域を大事にするものであって、もともと利益のみを求めて事業地を移動する存在ではないのである。

わが国の高度経済成長時代、成長志向で目先のことにしか目を向けない経営者がおりそのような経済活動が行われていたことは否定しないし、現在でもそのような企業経営者がいることも否定しないけれども、それはむしろ例外としての存在である。そもそも企業は優れて市民的存在であり、住民としてのアイデンティティをもっている。多くの企業は勤務しながら社会貢献活動にかかわる従業員を大事にしているし、企業自身が相応の地域貢献を行っている。

かつて企業誘致は外部依存の経済資源として地域側からさげすまされ、その反面で内発型の創造的企業は望ましい姿として礼賛された。前者は立地地域に関して一時的な経済振興と雇用をもたらすが、それらは持続せず、長期的にみれば地域社会から新たな経済資源の流出や創業意欲を失わせるものと認識された。それに対して、後者は環境条件が整っていないことが多く容易に成功しないけれども、地域重視の持続性のある産業政策として期待された。これは市場重視と地域重視の二項対立の見方である。実際には、それほど大きな違いはない。また、経済成長が鈍化し経済の国際化が進むなかでその違いは小さくなった。すでに企業によるCSR（企業の社会的責任に関する行動）は法令遵守と並んで必需的な行動であり、その実績もあがっている。利潤のみを追求するような企業はすでに市場から脱落し現在の社会には存在しえない。だから、誘致企業であっても地域社会での位置と役割を少なからず認識した行動をとる。そんな企業が内発型の企業に比べて立地地域への対応が十分ではないとみられるのは、その地域を超えた立地判断等が行われ、結果として流出する事例が多いからである。

地域経済は産業のクラスターによって成立している。当たり前のことだが、一つひとつの企業は別個に存在しているわけではない。ぶどうの房のように、地域の広がりのなかにつながっている。外形上はみえにくいが連鎖しているものである。中小の企業が地域社会で成り立っているのは、そこで扱う商品が売れるからだが、より注目すべきは、何らかのつながりによるクラスターが存在していることである。地域経済や地域社会と無関係に存在している企業はどこにもない。

それらを紡ぎだして、地域の産業クラスターにつくり上げることは一つの重要な地域産業政策である。その上で、まちの機能や形につくり込んでいくことで、地域産業を取り込んだ地域政策となる。産業がそこにあるべき必然性が明らかになる。

地域の雇用は、その産業の必然性に裏打ちされながら進められることで、単なる個々の企業だけのものではなくなる。企業が人のすべてを取り込む企業人としての雇用だけではなく、住民、市民の生活世界を重視した雇用をもつくりだすことが可能になる。企業主義のフルタイム雇用だけではなく、住民、市民の生き方を踏まえた雇用さえも生み出すことになる。高齢者社会においては、ワークシェアリングの利いた小さな雇用がたくさんつくられることが必要となる。地域社会のあり方と別個に雇用の形態の議論をすることは、地域の産業政策において、それほど意味があるわけではない。

②地域社会の枠組みによる再編

地域産業のクラスターは自立する個々の企業群のネットワークである。それらを地域社会としての枠組みにおいてとらえきれていないものだから、産業が地域の課題として明らかにされにくいし、地域社会から産業のコントロールがされにくいのである。

企業群の利害を調整し共通する課題を明確にするしくみが地域社会にはもともと予定されていた。農業関係、商工関係、観光振興等の団体やネットワークがそれだが、現実に期待されている中間機能の役割を果たしえていないのには理由がある。関係の団体やネットワークが地域社会を自由に展開する産業・企業のクラスターを支えるのではなく、逆にそれらを分断してしまっているためである。たしかに業種、業態という全国レベルの産業の構造や機能として、それらの団体やネットワークは対応するものがあるにしても、地域社会におけるクラスターとしてはむしろ異業種の連携を進めるべきなのに、そこが無視されている。産業の地域社会におけるつながりこそ必要なのに、それが実現されていない。

たとえば、「食」というテーマの設定がある。その原料をつくりだす農林水産業。米作、畑作、林産、水産、酪農等のしごとがある。それを加工する食品製造業。一次加工から付加価値の高い加工までのしごとがある。箸や皿等の道具。新たな加工を必要とされるような粗製品の段階から文化性趣向性の高い製品までのしごとがある。さらにそれらを調理して消費者に直接手渡す食堂、レストラン。日常的な利用の外食産業から観光文化等を取り込んだ高級料亭等までのしごとがある。それらを地域として売り出す観光産業のしごとがある。それらは、健康はもちろんのこと、教育、文化、信仰、福祉、医療の分野にまで及ぶことになる。もとより、自然や歴史、専門的研究所・大学等における情報や研究教育上のインフラといった食につながる地域資源の所在の有無は大きい。

地域社会の産業クラスターは地域資源とそれらを地域の産業として最大限に利用しようとする戦略とのマッチングなのである。この地域資源と利用戦略には住民、市民の雇用と生活を守ることがビルトインされていなければならない。地域資源だけあってもそれらが一定のクラスターとして認識されても、それらを地域づくりにつなぐ戦略がなければ、地域経済のフィールドに登場しえないのである。その逆に、戦略だけあってもそれに見合う地域資源が発見されなければ、具体性がないということになる。

このことを担うのは誰か。最終的には地域社会を支える自治体行政のしごとになるが、重要な役割を担うのは企業と人、そしてそれらを地域につなぐ中間機能組織である。産業・雇用環境の変化の過程において多くの企業は生き残りをかけた動きをしているのだが、既成の業界団体等の枠組みに未来を見出し得ていない。企業も場合によっては、業界団体も新たな枠組みを模索している。担い手は企業とその集団ということになるのだから、その集団の中間機能としての動きが重要である。プロジェクトやイベント等を積極的に展開して、異業種間における新たな連携相手とのマッチングを進めることが期待される。そのような動きと実績を踏まえた上で、自治体行政が全体像を視野にいれたビジョンを示し、必要な支援の枠組みを明らかにしていくことになる。

③コミュニティ発ベンチャー

このような地域の産業・雇用の渦の外側の近くにコミュニティビジネスがある。経済の枠組みとして地域社会を巻き込むものと、地域社会における住民、市民の活動の枠組みから産業化に向かう動きの両者がコミュニティビジネスにはある。地域社会の要請を住民、市民が受け入れてつくる小さな交流のしくみが元々たくさんあるが、それらのうちのビジネスに絡むものがコミュニティビジネスとよばれている。その分野と守備範囲は広い。

その担い手がコミュニティ発ベンチャーである。彼らは産業として認知されるほどの経済的行為者ではない。元気のない社会状況の下で、生活サイドからの財の取引に係わる活動でこそ活性化すると気がついた社会的実験者たちなのである。

一〇年以上も前に、三鷹市の市民は三鷹市をコミュニティビジネス都市だと言い切っている。三鷹市における地域資源は住民、市民とその生活を中心とするものであって、都市的生活から生まれるニーズを充足するビジネスが数多くつくられるものだと認識していた。三鷹市の地域にはコミュニティ発ベンチャーが潜在化していて、それを興していく条件づくりが求められていると位置づけたわけである。そしてそのために、ビジネスを起こす都市装置として、起業支援会社をつくった。

一九九九年九月に発足した㈱まちづくり三鷹がそれである。その守備範囲は田植えからＩＴまで、まさに地域社会のニーズを取り込み、社会化地域化するしくみと位置づけた。産業プラザ、ＳＯＨＯのインキュベート施設とともに、起業・経営相談、技術・特許のアドバイス、税務・法律相談等のためのコーディネーターやアドバイザーを揃えた。コミュニティビジネスのインフラである。

それらを支えたのは、実質的には三鷹市行政であったが、その提案は三鷹市の市民的政策をリードした「まちづくり研究所」であった。市民グループとそれを支える専門家の意向が提言として世に出され、小さな都市の制度として実現されるものであった。そのインフラは自発的な市民活動というネットワークの論理を重視したものとなった。三鷹市政においては、市庁舎の外に出て、行政職員としての衣を脱いで、一市民として活動するというスタンスを大切にしたのである。

三鷹市ほどのコミュニティビジネスのインフラづくりは多くないが、生活や産業の分野の周辺部において進められている自治体は少なくない。最近では地域の経済機能と社会機能の中間で融合する領域において、多様なコミュニティ発ベンチャーが登場している。

(3) 支える機能の再生

①地域生活を支える機能を再生

支えあうことは人間が本来持っている能力である。地域社会には、人間が持続的に生きていくためのしくみとしての支え合いが備わっている。その原型は相互扶助である。都市であれ農村であれ、人が集まって住むことは相互に支えあうことを基本とする社会なのである。かつて、支える機能を施設に置きかえるという認識が広がった時代があった。あいまいで、いい加減にみえるような地域住民の支えあいではなく、効率的で計画的な行政に委ねることが正しいとする時代があった。都市基盤、社会基盤とは、人と人が相互に援けあうことをしないですむインフラだと信じて疑わない時代があった。

たとえば、社会資本で表現するものは社会を支える物的な施設であって、社会的つながりを表現するものではなかった。社会資本は地域を支えるインフラのことである。道路、港湾、空港、河川、公園、住宅等を指している。だから、ソーシャル・キャピタル（social capital）が米国から輸入された時に困ったのである。ソーシャル・キャピタルは信頼関係、人と人のつながり、支えあう関係を表現しており、この状況においてこそ社会資本という用語を充てることがふさわしい。ところが、すでにその用語はインフラを指し示す用語となっていたのである。やむを得ず、それに社会関係資本という用語を充てているというのが現状である。相互扶助、援けあいの地域社会の関係を「社会資本」と称する物的な施設で代替しようとしてきたことを示している。これがわが国を土木国家と言わしめた現実の一端なのである。

近年、ようやく住民、市民が相互に支えあうことの大切さが理解されるようになった。施設や行政のサービスではなく、地域やテーマ型のコミュニティによるネットワークである。福祉、介護、健康等の支援は施設や固定的な基準から出発しているのではなく、自発的に支援しようとする人びとのグループの善意が原型にある。在宅支援の環境を支えているのは、様々な背景があるにせよ、住民、市民のネットワークによるものである。

②地域社会の安心と安全

災害や犯罪への地域社会への関心は高い。かつては防災上の施策、消防、警察等へ期待と要請が強かった。たしかに、脆弱な地域基盤やネットワークを補強し、災害、犯罪を防止し、被害をできるだけ小さいものにしなければならない。そのための備えが必要なことはいうまでもない。だが、地域社会は皮肉なことに物的条件を補強し、安全装置を整備し、警備体制を強化すればするほど弱くなるものである。物的条件の整備は強制された安全性のために住民、市民の自己責任をマヒさせ、住民、市民、地域社会に本来備わっている自助本能を弱めてしまうからである。

地域社会の安心と安全のテーマは、地域社会における住民、市民のネットワークのあり方の問題となっている。防災システムのなかに自立的なものとして、町内会・地域自治会等の地域組織が組み込まれているのかどうか、犯罪を起こさせない意志とそのためのしくみが住民、市民本位につくられ実行されているのかが問われることになる。住民・市民が自ら警護チームを作り、具体的に街にくり出す事例が多い。地域社会なりの手法によって、相互に支えあうときに、地域社会が安心、安全の扉をあけることになる。

③地域を支える文化システム

芸術やアートの力は市民のものである。一九八〇年代に文化システムへの関心が全国的に高まった。芸術やアートを生活文化として取り込む努力が各地でなされた。その際のキーワードは行政の文化化と文化の行政化であった。このキーワードは行政の枠組みを飛び出して、芸術文化に率直に係わることを志向すると同時に、文化活動に対して行政への接近を求めた。

それは一面では行政による文化投資を求めることになったが、それまでの行政主導の取り組みに変革をもたらすものとなった。文化行政は縦割り行政では制御できない政策課題だった。地域社会から発想し地域社会のみんなでつくり上げる地域文化システムである。その実態は横並びのものではなく、個々の地域社会でしかつかめないものであった。しかも、地域の文化行政は市民領域に地域の課題をそれまでの政策課題とは別個の内容と方法で押し込む役割を担った。つまり、それまで地域政策の対象として認識されることのなかった住民、市民の主観や感性が地域の課題や政策の対象となった。文化行政は地域政策の枠組みを行政の世界から住民の生活世界へと拡大させたのである。各地で展開されているまちづくりにおける芸術文化やアートの活用は、生活の場の使い方の可能性を住民、市民に問いかけている。

生活文化において忘れてはならないものは、地域のまつりや生活・習俗の文化である。これらは地域社会の四季に組み込まれてきた。年々歳々の地域の日常の中で相互に支え合う関係の原型がまつりや生活・習俗の文化には組み込まれている。目に見えぬものとして、文化システムは地域社会に息づいている。

④地域交通

バス路線や地方私鉄は地域の移動条件として形成されてきた。地域、都市が拡大しつつ機能分化してきたが、それらを物的に支え、保障してきたのは地域交通である。もっとも大都市部のごく一部を除いて、バス路線、地方私鉄、船の便等は赤字路線となっている。そのほとんどは公的財政援助によって支えられている。物的な社会資本の歴史からみれば、鉄道が先行した。明治文明の鉄道は素封家によって各地につくられ支えられた。その当時の都市に導入された。バスの導入は鉄道に比べるとずいぶん後のことで、路面電車と交錯・対立しながら現代まで生き残った。路面電車は規模の大きな都市部においてライトレールとして再生しつつある。もっとも、地方の私鉄は一年を通じた様々のイベント、地域の催事と連携するなどにより、かろうじて路線が守られている。バスは採算を求めて車両を小さくし、路線数の縮小等を図りながら残る努力をしている。地方鉄道の約八割、民間バスの約七割が赤字というのが現状である。

自治体行政と地域交通を支える企業にとってはその維持が大きな課題だが、全体の行政サービスや経営効率性を俯瞰しながらの行動となる。その場合にはどうしても、いわば上から目線による対応となっている。資源の再配分は地域交通以外の課題を含むものだという認識のためである。最近では、政府レベルで交通基本法の検討が始まっている。国土交通省を主管とするこの法案には、国民の「移動の権利」保障を掲げる方針と言われている。それによって自治体行政に地域交通を守る条例をつくらせ、地域交通の再生を図ろうということである。

そんな中で、実際の地域社会ではデマンドタクシーや集落住民が負担するバス運行等が行われている。前者はバス路線の失われた地区で決まった曜日と時間に相乗りのタクシーを出すことだ。たとえば、愛媛県四国中央市では二〇〇八年一月にデマンドタクシーの試験運行が始まった。九人乗りのワゴン車がバスの走らない地域で、週二日~三日で運行されている。利用者は七〇~八〇歳で、予約者の自宅と目的地を送迎し買い物や病院通いに使われている。このワゴン車は利用者のおしゃべりの場ともなっている。同じような試みは、北海道伊達市でも「愛のりタクシー(ライフモビリティサービス)」が商工会議所によって実施されている。この対象は人口三万七〇〇〇人の全市地域であって、会員制の乗合タクシーでもある。

集落住民が負担するバス運行の事例としては、青森県鰺ヶ沢町がある。この町は秋田県と青森県にまたがる白神山地のふもとにある漁業の町である。鰺ヶ沢町は集落が入り組んでいて、過疎化も進んでいる。その山あいの深谷という集落は最寄りのバス停まで八キロもの距離があった。この地域には冬には長期にわたって、雪が積もる不便な場所である。それで一九九三年に周辺の三集落の全六〇戸が毎月回数券を購入することを前提に民間バス会社の路線開通にこぎつけている。現在では、回数券購入金額は月二〇〇〇円なっているが、集落と町の中心とをつなぐバス路線は続けられている。集落の住宅の多くはマイカーをもっているが、この路線が地区の命綱ということで回数券購入に反対する家はないと報道されている。(4)

地域交通は、利用者サイドにポジショニングをおいて具体的な対処が始まっている。いわゆる地域交通政策の破たんの下で、事業者のこだわり、個々の地域社会での利用者の次元を超えた新たに支える機能としてのあり方を考えて動くようになった。

3 市民的地域政策の地域再生事例

(1) 商店街から地域支援街への変身

①街の駅の開業

二〇〇九年一一月八日午前一〇時半、「街の駅あるぴょん」のオープニングセレモニーが行われた。主催者を代表して、つがる市商工会長があいさつ。市長、議長等が祝辞を述べ、店先に張られたオープニングテープが切られた。その直後に、地元住民を中心にたくさんの人が買い物に訪れた。

その半年前までは、街なかに放置されていた三二〇平方メートルの古びたホームセンターであった。この施設は青森県つがる市木造地区の銀座・千代町の中心部に立地していた。完全な民間所有の空き店舗であった。その施設をまちなかコミュニティ交流施設として改造・利用するという事業が政府の緊急経済対策の補正予算の対象となった。約二五〇〇万円の改修予算が投じられ、「街の駅あるびょん」が開業した。「あるびょん」とはここに来れば、何かいいことがあるかもしれない場所という津軽弁であって、それをこの施設の愛称とした。その中は商業スペースがほとんどであるものの、障がい者用トイレ、高齢者がくつろげる畳敷きの小上がりスペース、障害者による作品の展示・即売等のコーナーが設けられた。この日にその開業セレモニーが行われた。この街の駅の施設運営はそれより三カ月ほど前に認証されたNPO法人の「元気おたすけ隊」が行うこととなった。

「あるびょん」の開業当日の賑わい

つがる市は二〇〇五年二月に合併して成立した自治体である。人口では全体の半分近くを占める木造町と森田村、柏村、稲垣村、車力村の四村の対等合併であった。全体で人口は約三万八〇〇〇人の小さな都市となった。それぞれの旧町村には小さな商店街があるが、その中では木造町の中心的商店街の位置と役割は大きい。商店街の近くにはつがる市役所、警察署、病院等があって、機能的にも形態上においても、また歴史的にも、つがる市の中心商店街と呼ばれるのにふさわしい場所である。その商店街に「街の駅」が設けられた。このこと自体はそれほど大きい出来事ではないが、それまでの中心商店街再生を願って行動してきた住民にとっては大きな一里塚として認識された。

②生活を支える街への切り替え

二〇〇七年六月につがる市商工会は中心市街地活性化計画のための研究会を発足させた。合併後二年余を経たつがる市において、市域の新たな核としての中心的商店街に再生するビジョンづくりを目的とする研究会であった。その中心メンバーには、四〇歳代後半の商店主や建設業の後継者たちがおさまっていた。そこで検討されていたのは、青森市と富山市で先行的に指定されていた中心市街地活性化計画の後を追って、この商店街を小規模ながらも新たな内閣府指定の採択につなげることを夢みていた。そのためにまずは、商店街の考え方と方策をつがる市商工会がまとめ、つがる市を動かそうとするものであった。

研究会の委員は市内の各種団体や各部門行政の担当者であったが、ワーキンググループには商工会青年部に属する商店の経営者と障がい者団体の代表などが選ばれた。そこに注目すべき二人のリーダーがいた。一人は商店街衰退の中でもなお商店街での発展にこだわり続ける商店主であった。

これまで築かれてきた街としての信頼を基礎に、彼は今後とも家族を養える商店街に再生していきたいという願いをもっていた。もう一人は商店街に事務所を構える建設業者。彼は自分が障がい児を抱えていることもあって、市内に障がい者のＮＰＯ法人を立ち上げていた。障がい児の親としての限界をカバーできるまちを元気なうちに作りたいと願っていた。彼にとってのそのまちは木造商店街であった。

先祖が作り上げた商店を守り、次の世代に引き渡していく。その行く先に商店街の未来を見据えているリーダーは愚直にも現在の店舗機能を維持する方策を選択しつつ、障がい児を抱え自宅の延長線上に商店街機能再編のアイデアを出すもう一人のリーダーの意見に合意していた。この商店主は少子高齢化社会進行の下で、商業活動による集客に限界を感じていた。だからといって、商店街を出てショッピングセンターの専門店として開業し、ロードサイドに店舗を設けるという方策は受け入れられるものではなかったのである。

もう一人のリーダーは北海道の伊達市に繰り返し出かけ、そこに新しい商店街のモデルを見出していた。伊達市には道立「太陽の園」（現在は社会福祉事業団）がある。伊達市内の中心商店街そのものは、すでに改造のための多くの投資をしていたが、彼が注目していたのは、そういった商店街の物的環境ではなく、その周辺で広がる障がい者雇用を進め、生活を支える中間支援機能の存在であった。まちから離れた施設から障がい者が出て、まちに働き住むことを可能にする機能を自分たちのまちのつながる市の中心部にもつくれないか。とりわけ、障がい者が買い物をすることが普通のこととして受け入れるまちづくりを構想していた。そのために機会があるごとに、商店街の同僚やつがる市の市会議員などを誘って、伊達市をみてもらうという動きをしてきた。実際に何度も、北海道伊達市への調査旅行を企画・実施している。

二〇〇七年一〇月に、筆者はこのリーダーの観点から北海道伊達市を調査した。伊達市は、人口三万七〇〇〇人であり、その温暖な気候条件から、北海道の湘南といわれている。首都圏からの移住に力を入れている都市としても有名なまちだった。一九七一年春、伊達市内において障がい者就労第一号が出た。太陽の園からの障がい者が出て、市内のクリーニング店で就労を実現できたのである。それを皮切りに七二年までに一七人の障害者の働く場所が決まった。次は住む場所である。七三年に伊達市が彼らの通勤のための施設を設けた。通勤センター旭寮である。地域福祉としては、大きな社会変化をもたらす動きだった。

本番はその次だ。障がい者がグループホーム、アパート、元々の家に住み、伊達市で暮らすことが広がった。障がい者の暮らしぶりがまちの何でもない普通の風景になった。そこには、障がい者が暮らすセーフティネットワークがつくられていなければならない。まちの表面には出てこないけれども、伊達市全体に福祉のネットワークが張り巡らされている。家族の会、事業主、学校、施設、支援者、自治体行政、そして本人との連携。支援の網が伊達市に広がっている。

障がい者が自立してまちを楽しむ。それをネットワークが支える。そっと支える。この調査時には、すでに四〇〇人の障がい者が住んでいると聞いた。それも歩いて生活できる「街なか」での居住なのだ。土地の人が家を建てて、障がい者に賃貸しているものも増えたという。不動産屋が手持ちの空き家活用を障がい者支援の地域生活支援センターに持ち込むまでになった。

つがる市の中心市街地活性化計画（商工会バージョン）は、若手グループによって木造商店街の再生方策を軸に練り上げられた。これから増え続ける高齢者や障がい者を中心商店街の近くに住まわせ、彼らを支える機能を商店街に練りこんでいくというものだった。この商店街再生構想は北海道伊達市における障がい者の就労と生活が下敷きとなっていた。街の形は変わらない。だが、これから増え続ける高齢者、障がい者を受け入れる機能をもつことを想定した商店街再生計画となっていた。その提案は予算規模が大き過ぎるという理由で、つがる市では棚上げにされた。市役所の担当部署は中心市街地活性化計画の推進に消極的になった。木造商店街の若手リーダーたちの動きはそんなことでは止まらない。

③朝市と元気づくり塾

二〇〇八年度には二つのしかけが実施された。一つは朝市であり、もう一つは東北電力のまちづくり元気塾の実施である。朝市のアイデアは早朝商店街という発想から始まった。木造商店街から客が離れたのは、多くの中心商店街と同じく、若い人たちであった。国・県道のロードサイドのショッピングセンターの若いセンスと合理的な店舗構成、そしてアクセスの良さであった。まずは若者が離れた。結果として、高齢者が多くなった。それもクルマではなく、歩行か、自転車による来街、来店となった。今残っている客を大事にすることと、障がい者を大事にする商店街の発想は矛盾しない。むしろ、それが正当な動きだと商店主たちは認識したのである。

早朝であれば、商店街にクルマが少ない。通過交通が少ないのである。車いすの来店、障がい者の生活テンポに合わせた動きが可能となる。それに年齢が高い人は朝に強い。商店街側では、すでに店を閉めるのは夕方になっているのだから、少し早めに開店するという呼びかけをすればいいということになった。それもイベントとして実施する。六月から一〇月の雪のない時期の月二回の日曜日をそれに充てるという計画だった。同時に、店舗を撤去した場所、商店街の空き地は露店やテントによる売店やイベント広場として利用することとした。

二〇〇七年度中に、つがる市商工会は青森県との関連の深い財団に活動費助成を申請した。㈶むつ小川原地域・産業振興財団に市場・販路開拓部門で「早朝商店街賑わい創出事業」を二〇〇八年度単年度九〇万円の助成申請をおこなった。その経費はＰＲ広告、客寄せ用イベント事業、開催目印の旗や推進スタッフのジャンパー等に充当した。それが認められ、その年の六月から一〇月まで五カ月間の第一、第三日曜日に朝市を開くことになった。朝六時三〇分に開場し、商店街に旗が立てられ、イベント会場で炊き出し等が行われ、市《いち》のムードを盛り上げる。そこには近くの県立木造高校の学生がスイーツ販売で参加。露店も並んだ。障がい者福祉情報もテントの喫茶コーナーとともに提供された。筆者はほとんど毎回観察に行った。朝市で起こされたつがる市の中心商店街は回を重ねるごとに活気が出ていった。何といっても関係する商店主と売り子の笑顔が輝いた。客との適当な距離感があって、客と店、客同士の会話が弾んでいた。商店主リーダーは言う。「魂を失いかけた商店街に会話が戻ってきた。日曜日の朝六時半からの二時間の朝市。商店街のこんな試みを地域の人たちは歓迎。人と人のつながりが復活するそんな兆しを感じた」。この朝市は二〇〇九年度にはつがる市の助成対象となった。二〇一〇年も六月から実施されている。

もう一つのまちづくり元気塾。この塾は東北電力が二〇〇六年度から始めた制度で、東北各地の住民主体のまちづくりの現場に専門家を派遣し、活動を支援するもの。つがる市商店会はそれに応募し二〇〇八年度事業として認められた。二〇〇八年六月中旬から木造商店街を対象とするまちづくり元気塾が開始。東北学院大学の教員をリーダーにして、東北電力五所川原営業所等の職員も毎回参加。木造商店街を支える若手メンバーの研修の機会となった。朝市の早朝商店街の日に合わせて開催する塾も持たれた。障がい者支援のできる商店街を主題に二〇〇九年一月二八日、二九日まで、予備調査を別に三回の塾が実施された。その間、中心商店街を高齢者の肉体的ハンデをとり入れた機器等を付けた高齢者擬装体験等も行われた。二〇〇九年三月、仙台市で東北七県地域のまちづくり元気塾の全体の報告会が行われ、それをもって、商店街のまちづくり元気塾は一つの区切りとされた。

④街にかける

本節の冒頭に触れたように、木造商店街はその中心部のホームセンターを改築して、そこに街の駅が開業した。それも緊急経済対策によるどちらかといえば、棚ボタ的な予算措置であって、木造商店街にかける夢とその実現に向けた試みが行政サイドを動かしえたのかといえば、まだ十分ではない。しかも、これからの商店街は物を売ることを通して人と人の交流がなされるのではなく、地域社会に生きる人々を支える機能を通して人と人との交流がなされる場だという信念はいまだに具体化されていない。それでも住民としての商店街の担い手の多くが、中心商店街における新たな生活支援機能づくり、それも弱者に焦点を当てたものを、共通の目的として動き出していることに注目したい。

新しい市となったつがる市は五年前の市町村合併の弊害としての旧町村バランス投資に目を向けている。そのような中で、住民主体の木造商店街の若いネットワークは着実に育ち、実績を積み重ねている。二人のリーダーだけではなく、多くの若者が参加している。歩きながら、社会に適応する生活を送る人びと。ゆっくりと街で過ごす人びと。彼らを応援することが自分たちの商店街の生きる道だと定めている。そんな動きをこれからも見守りたい。

(2) 中心市街地で子育て環境を仕組むＮＰＯ法人

①中心市街地は誰のものか

北国の桜の都の弘前市も他の都市の例にもれず、中心市街地は寂れている。毎年八月の最初の一週間に実施されている弘前ねぷたまつり。まつり運行のメインストリートの弘前土手町通りは、その時期や四月後半の時期の弘前城を中心とした桜まつりには多くの観光客を集めるが、沿道の店舗のシャッターは閉じているものが多い。弘前市が青森県津軽地方の中心都市であるだけに、中心市街地の規模は大きく、本節の(1)において述べたつがる市木造商店街とは規模も機能も、その影響力も比較にならないほど大きい。

城下町、陸軍の軍都として発展しながら、歴史上一度も戦場にならず、しかも戦災すら受けていない弘前市は、時代の節目に隆盛してきた。明治の初め、大正の初め、昭和になってからは戦後からのしばらくの時期に栄えたまちであった。それまでのストックが、時代変化においても失われずに、次の時代に生かされたということだ。

弘前市は二〇一一年に築城四〇〇年祭を迎える人口一八万の中規模都市である。このまちはの中心地にある弘前城を起点として膨張し拡大した。弘前城とその周辺にそれぞれの時代に必要とされる教育施設等の公共施設がまず設けられ、都市の膨張期に拡散されていった。規模の拡大のなかで新たな機能を求める都市的施設は郊外に出ていった。

弘前城公園は、今では弘前市全体のいわばセントラルパークとして、住民・市民、観光客に親しまれている。そこから東に二百メートルも行くと、南東方向に一キロ程度の直線の道路がある。これが土手町通りである。現在でも、この通りが弘前市のメインストリートといっていい。そして、その周辺に弘前市の中心市街地が広がっているが、明治期後半から大正期にかけて百貨店、飲食店、遊技場等の商店街がかたちづくられた歴史のあるところでもある。その勢いは戦後しばらく続いた。

一九五〇年代からの二〇年が土手町通りにとって最も良い時代であったかもしれない。当時の写真をみると土手町通りに人があふれ、店名等を告げる看板等が林立している。一九七五年元日の読売新聞全国版の特集記事は、弘前市は風格ある町として、全国の都市の中で東の横綱にランクされたと報じている。

この時期を境に弘前市は都市の規模拡大と中心市街地への機能変化が始まった。一九七九年には女子高の聖愛高校が近くの坂本町から郊外に移転し、八七年には弘前城の近くにあった東奥義塾高校が郊外部の石川に移転した。弘前市民の出会いのストリートは商業中心の集積となり、それもやがて弘前駅周辺の再開発や郊外への大型店の出店等により、シャッター街となっていった。

一キロほどの直線道路沿いの出会いのストリートは誰のものか。そんな問いかけが始まって久しい。隣接するかつて東北随一の繁華街を誇った鍛冶町もかつての力を失い、飲食店街としての集積は失われるばかりである。

②子どもはまちで育つ

二〇〇五年五月に、このしくみは発足した。特定非営利活動法人弘前こどもコミュニティ・ぴーぷる（以下、「ぴーぷる」と略記）である。この長い名称をもつ「ぴーぷる」の事務所は弘前市における出会いのストリートの土手町通りから横に入ったすぐのビルの一階に設けられた。子どもとそれを見守る大人の動きが、そこを通る人や車から見られるが、室内からも外の通りを見ることができる。

このNPO法人の定款に記された事業の目的は次のように示されている。

「この法人は、子どもや子どもに関わる個人、諸団体に対して、地域の子ども達の健全な育成と子育てに悩む親のための子育て支援として、日常的なつながりによる親子揃っての居場所を提供し、人とひとのふれあいによる子育て支援をおこない、子どもの育ちを喜びあえる地域社会の構築に貢献することを目的とする。」（特定非営利活動法人弘前こどもコミュニティ・ぴーぷる定款第三条）

その目的として、「日常的なつながりによる親子揃っての居場所」と「子どもの育ちを喜びあえる地域社会の構築」を掲げたが、それを実現しようとする場所は、弘前市民の出会いのストリートの土手町通りにこだわったのである。これは設立者の場の記憶によるところが大きい。

現在、四〇歳代後半を迎えている設立者たちにとっての弘前市中心市街地は、若者の集まる活気溢れる場所であった。自由な時間をそこに行けば、何か新たなことに出会えた。学ぶことの多い場所だった。市民としてのアイデンティティを確認できる場所であった。その記憶と確信を基礎に、親子揃っての居場所づくりや子どもの育ちを喜びあえるという場所として、この弘前市民の出会いのストリートの土手町通りにこだわったのである。活動は「子どもを真ん中に」をキーワードに子育て支援を進めることであった。

③子育ての経験を編み込む（おもちゃ広場）

「ぴーぷる」のスキルは広い意味でのワークショップである。子育てというテーマにこだわりながらも、育児技術を超えたつながり方をそこに参加する人々のそれぞれが見出すことであった。そのために、この場所性を踏まえながら、子どもと大人、子ども同士をつなぐ道具としての「おもちゃ」に着目した。始まりは「あおもり木製玩具研究会・わらはんど」（地元家具職人七名）と公設試の青森県工業技術センター（現在は地方独立行政法人青森産業技術センター）弘前地域研究所による製品モニタリングであった。「わらはんど」で作られたおもちゃが子どもと親に受けいれられるのか、遊びの現場でその製品への課題の有無等を明らかにすることであった。「ぴーぷる」はおもちゃ広場を設けた。その場所は子どもを真ん中において、交流できることであった。弘前市の中心市街地はそのようにして選ばれた。

この活動は「ぴーぷる」発足からの継続的事業となった。おもちゃを使った遊びというコミュニケーションは着実に広がり繰り返され、参加者、大学、自治体行政等から評価されるようになった。子育てという私的な子と親の関係において、おもちゃを素材に地域社会の新たなつながりに変えるという意図が実行に移された。弘前の中心市街地における市民としての学びの空間を活用するという信念による活動である。二〇一〇年で「ぴーぷる」発足六年目となり、周辺の地域への広がりを見せている。隣接する平川市や三戸町でもおもちゃ広場の実施が求められている。

④中心市街地の新しい華

「ぴーぷる」は現在三つの柱となる事業を行っている。子育て支援事業、まちづくり事業、学習支援事業である。このうちの第一の子育て支援事業は就園前の子どもとその保護者、それに子どもを産む準備をしている女性の出会いの広場としての「チャオチャオ！」とそのサロン、すでにふれたおもちゃの広場である。育てる子どもを中心にした新しいコミュニティづくりといっていい。これは「ぴーぷる」事務局のある場所を中心に実施される。だが、集まる人々が多いと、市内の総合学習センター、百石町展示館、社会福祉センター等の教室、会議室等が使われている。

弘前市・中心市街地の歩行者天国における路上文化祭

第二のまちづくり事業は、年齢層の高い子どもを対象とするもので、小さな広場を超えた「地域」の広がりでの活動である。子どもの成長に応じて活動範囲は広がるのだが、それを追いかけるかのように、事業推進されている。結果として、現在では弘前城公園や中心市街地から私鉄沿線にまで及んでいる。それだけに事業メニューとしてもまちづくり事業が他の二つに比べて多い。弘前城公園での小学生を対象にした忍者ごっこを親子二〇〇人規模でのイベントを行っている。宝探しやチャンバラという今の親たちが経験した遊びを子どもたちに伝えながら、弘前城への愛着と地域を愛する心を育てたいという。活動の場所は中心市街地そのものにも及んでいる。代表的なものとして、中心市街地での夜店への参加がある。また、一九八〇年以来実施されている土手町通りの歩行者天国の路上文化祭（カルチャーロード）への参加がある。この場所は出会いのストリートであって、おもちゃを持ち込んで子育て支援の実験を行っている。さらに、小学生高学年から中高生を対象に弘前駅を起点とする私鉄沿線のモニターや観光マップづくりの支援も実施している。

三つ目の学習支援は、先の二つの事業を推進する「ぴーぷる」に関わるボランティアや市民のサポーターとしての能力アップに関するものである。子育て支援もまちづくり事業も人材によるネットワークによるものであって、カネやモノによって実施しているわけではない。ましてや、行政のような権限すらない。手法としては、人と人をつなぐネットワークであり、事業課題を前においたワークショップによる実現の道の探査を進めている。それだけなのだ。そのために、この学習支援は二つの事業をこれから持続的に進めていく上で極めて重要な活動だということになる。

⑤経済的にも「市民」の自立を目指す

「ぴーぷる」の設立者はNPOとしての自立の可能性を目指す社会起業家でもある。おもちゃ広場でのおもちゃ販売とともに、事業運営の財源を他に求めることを続けている。たとえば、三つの事業の中では、子育て支援の活動には自主財源を基本としながらも、青い森ファンド、キリン福祉財団、ふるさと雇用再生特別基金の助成金を充てている。まちづくり事業には、むつ小川原地域・産業振興財団、カメイ社会教育振興財団、みちのくふるさと貢献基金、まちづくり市民財団、JT青少年育成に関するNPO助成事業、子どもゆめ基金等を充当している。また、学習支援事業に対しては厚生労働省・財団法人子ども未来財団の助成を受けている（平成二二年三月現在）。

「ぴーぷる」は常に情報を張り巡らせて助成等の情報を収集しており、自分たちのミッションや実際の事業に適合する財源を探している。場所と人は弘前の中心市街地にこだわるが、その半面で活動資金は企業のCSR等の社会貢献充当の資金を探している。それによって、NPO法人としての自主自立の活動が可能となると考えている。

「ぴーぷる」の動きを中心市街地の新たな機能の進出とみたい。弘前市の中心市街地は商業機能の流出は著しい。それに代わるように都市を支える新たな機能が入ってきているのだが、このNPO法人はその一つである。「子どもを真ん中に」をキーワードに子育て支援を行う市民的集団が新たな機能を持ち始めている。あらためて、この中心市街地への新たな流入の動きをみると、この他にも、脱商業・非経済主体のしくみが目にとまる。弘前のFM放送を推進するコミュニティネットワークCASTや弘前市の中心部でのアートプロジェクトの推進等を行うNPO法人harappaが事務局、交流スペース等である。

本章では、地域再生へのアプローチを住民・市民の活動を中心において考えてみた。いたずらに地域再生の結果を追い求めるのではなく、そのプロセスを重視し、その地域社会の主体である住民・市民の行動特性に再生の本質をとらえようとした。それもこれまで地域づくりの決め手となっていると思われていた投資する企業や土地所有者ではなく、普通の住民・市民が地域社会の表舞台に出ようとする動きを重視した。それが成功しているかどうかの評価は読者に委ねたいが、このような住民・市民の立ち位置を前提にしないと地域社会の未来は開けないと思う。

その具体的な事例として、つがる市と弘前市の中心商店街をとりあげた。ともに筆者の今の活動地域である青森県津軽地方で見聞したことである。これらの事例は商店街の再生というテーマとしては大向こうを張るような内容ではない。主体は住民と市民であり、内容的な派手さはない。はたから見ると、活動のスケールは小さい。しかも、これまでの商店街に必要不可欠とみられてきた経済的機能とほぼ関係なしに動いている事例である。地方都市での中心商店街の経済機能は完全に行き詰まっている。さらにいえば、経済的動機でまちを動かそうという人たちはそこから立ち退いてしまっている。それに代わって、ヒューマンスケールにおいて新たな共同の空間づくりを目指す人たちがその場所を活用しようとしている。これらが本物の担い手である。

地域再生は絶えざるまちづくり運動でもある。その中で住民や市民がいることが大切なことである。住民、市民がいわば自分の思考と手足で住居の場をつくり変える。それも官僚主義のロジックの通用しない対応を示している。それらを筆者は市民的地域政策とよんだ。その結果として、その成果としてのネットワークがつくられる。それらを筆者は市民的地域社会とよんだ。市民的地域政策はこれまでの官僚主義的行政主導の地域政策全体の中では小さくてきわどいものなのかもしれないが、人と地域から生まれ出されるものだけに根強い。それだけではない。その蓄積の成果が自治のガバナンスを創りだすものと信じたい。

注

(1) 佐藤慶幸『アソシエーションの社会学―行為論の展開―』〔新装版〕早稲田大学出版部、一九九四年。ボランタリーアソシエーションの組織等については一二一～一五六ページ参照。
(2) 檜槇貢『市民的地域社会の展開』日本経済評論社、二〇〇八年、二二〇ページ参照。
(3) 松下圭一「日本の政策課題と政策構成」日本政治学会編『政策科学と政治学』(政治学年報 一九八三)岩波書店、一九八四年、一九一ページ参照。
(4) 共同通信加盟社合同企画記事「地域再生―足を守る」1～4、東奥日報夕刊、二〇一〇年一月五日～一月八日参照。

参考文献
檜槇貢『市民的地域社会の展開』日本経済評論社、二〇〇八年。

内藤辰美『地域再生の思想と方法―コミュニティとリージョナリズムの社会学―』恒星社厚生閣、二〇〇一年。

篠原一『市民の政治学』岩波新書、二〇〇四年。

関満博・遠山浩『「食」のブランド化戦略』新評論、二〇〇七年。

第二章　農村地域再生の胎動

——あたらしい「互酬と共同性」を求めて

加藤光一

直売所「グリーンファーム」（伊那市）

空前の農業ブームと言える現象が、デフレスパイラルの日本で起きている。私が知る限り、こんなに農業が注目されたことはない。アイロニーなのかも知れない。それにもかかわらず、着実に農村地域、農山村地域は空洞化し、それを象徴する言説である、「限界集落」（大野晃[1]）は、政策当局もマスコミも利用するようになり、日常語として一般化している。この「限界集落」概念に対して、当事者である全国の農山村地域、とりわけ中山間地域の市町村では、言葉からくるイメージの暗さから反発も起きており、「限界集落」概念の一人歩きは、研究者も含めて再考しなければならない段階に来ている[2]。そうした中で、農山村地域では、高齢化、担い手不足＝後継者不足を克服した地域再生の胎動が静かに動き出している。その地域再生には、「あたらしい共同性」、「あたらしいコミュニティ」がキーワードであるというのは定説化しつつある[3]。私自身も、「あたらしい共同性」が大きな意味をもつことにシンパシーを感じながらも、一方で懐疑的でもある。なぜならば、農村地域における共同性と、ほぼ同意語的な言説に「共同体」概念が存在しており、そこには「古い共同性」がステレオタイプに埋め込まれていると観念する傾向が存在するからだ。そこで、私たちは、この「共同性」概念に注目しながら、農村地域の地域再生について検討しておきたい。

ところで、「地域再生」をどのように定義するかは別として、本間義人[4]が示した地域再生が目指さなければならない四つの原理・原則を確認しておきたい。すなわち、第一に、すべての人々の人権が保障された地域に作り直すこと、第二に、人々がその地域の仕事で生活しうることを構築すること、第三に、自然と共生しうる地域に再生すること、第四に、永田町や霞ヶ関の思惑により地域をつくり直すのではなく、そこに住む人々自身により再生を図ること、である。

日本の農業・農村は、とりわけ、第四の「永田町や霞ヶ関の思惑」に一貫して翻弄されてきた歴史が存在する。本章では、この第四の「永田町や霞ヶ関の思惑」の制度設計に惑わされることなく、むしろ、地域に住む農家、農業者が、上からの「思惑」を表面的には受け入れながら独自（下から）の地域再生に呻吟している事例をもとにみておきたい。

以下、第一に、日本の農政の基本政策である「構造政策」に対し、それを受け入れながら独自の農地管理システムを作り上げた、長野県上伊那地域の「宮田方式」の事例をもとに、構造政策と地域再生との関係性についてみておく。第二に、農業・農村の危機・解体状況の中で、唯一元気なのが直売所であり、その直売所と地域再生との関係性について、長野県伊那市の直売所「グリーンファーム」の事例をもとにみておく。第三に、二一世紀の農村地域の地域再生の主体は、どのような変革主体であるかを、従来の農業内部の農業生産力担当層のみを主体とする一般的な議論に対してアンチテーゼを提示しておきたい。

1　脱「構造政策」への道――構造政策と農村政策の非対称性

「食料自給率四〇％」、高齢化による「担い手不足」、膨大な「耕作放棄地」、「限界集落」等は、現代日本の農業・農村の危機・解体的状況をもっとも如実にあらわしている。この解体的状況は、「ネコの目農政」という「農政の無策」の結果であることは周知のことであるが、その歴史を若干垣間見ておく必要がある。なぜならば、ミクロの個別の具体的な政策、施策はそれなりに優れていても、マクロの結果としては農業・農村解体の状況を招いているからだ。私たち経済学の分野では、このミクロで通用することがマクロでも通用するとは限らないことから、このことを「合成の誤謬」という。

そこで、農村地域・農山村の衰退・解体がなぜ進んだのかを、日本の農政の基本的政策である「構造政策」との関係からみておきたい——とりわけ七〇年代以降のそれ——。なぜならば、この「構造政策」が、日本の農業・農村を具体的に変貌させてきた「永田町・霞ヶ関の思惑」そのものであるからだ。

(1)「構造政策」・むら・集落

「構造政策」とは、圧倒的多数の零細経営を選別・淘汰し、点的な少数の大規模経営に置き換える政策的誘導を行い、その経営体に政策的支援を集中することである。このことを前提に日本の農業・農村は推移してきており、そのために農業・農村解体、そして「地域」、「集落」等の崩壊をもたらしている。

とりわけ、一九七〇年以降、日本の農政は従来の「自作農主義」から「借地主義」への転換といわれるように、「構造政策」に重きを置き推移することになる。それを象徴するのは、農林省の組織再編に明確にあらわれている——一九七二年の農政局の構造改善事業課と農地局が合体して構造改善局となり、二〇〇一年に構造改善局が再編され経営局が出来るまで実に二九年間は、「構造改善」という冠のついた局であった(5)。一九七二年の構造改善局として組織再編される年は、田中角栄の『日本列島改造論』に象徴される「土木国家」日本を決定的に刻印するものであった(6)。これに合わせるように、農村地域への工業再配置、工場の地方への分散化が行われる。それを後押ししたのが、一九七一年「農村地域工業等導入促進法」の制定である。このことにより、在宅型賃労働兼業という本格的な総兼業化の道を歩むことになる。しかし、政策が意図した兼業化→プロパーの労働者世帯の創出→離農という脈略は「離農」には結びつかず、結果的には零細経営・兼業農家を大量に創出し、それは「土地」に兼業農家を固定化されることになった。兼業化は、必ずしも規模拡大農家に農地は集積されず、農村内に大量の零細経営を残し、農地の流動化は進まない、逆の結果を生み出した。まさに「合成の誤謬」そのものになった。

こうした中で、構造政策と結びついた農地法制の変更、具体的には一九七五年「農用地利用増進事業」、一九八〇年「農用地利用増進法」は、農業における基柢的な法である「農地法」とは別の農地管理の体系をつくり、「農地管理の二元化」をもたらした。農地法上の賃貸借とは異なる短期の「定期賃貸借」を創設し、この「利用権設定」が賃貸借の主流となり、農地流動化・規模拡大という構造政策の農地制度における主要な路線となる。同時に、それは農村社会、具体的には「むら」の顔の見える関係での自由な「貸し借り」という、「むら」の土地管理機能を利用することになった。ここで言う「むら」とは、ほぼ集落と同意のものと考えて良い。なぜ、この「むら」が重要なのか。それは日本の農政が、常に「むら」を利用し、農村支配・掌握の末端機構として位置づけてきたからである。とりわけ、危機の時代には積極的に「むら」を利用してきた。象徴的なのは、一九三〇・四〇年代と一九七〇年代以降である。前者は、戦前の小作争議が頻発する準戦時体制期、戦時体制期のファシズム、総力戦期であり、後者は、一九七〇年以後の日本資本主義の国際化、総兼業化による矛盾の打開策を模索する時期である。(7)

ここでは、一九七〇年代以降のそれに論点を絞っておきたい。七〇年「農地法改正」、七五年「農用地利用増進事業」、一九八〇年「農用地利用増進法」の農地法制の改正等は、自作農主義との決別であり、借地主義への大きな転換であった。そこでは、地域、すなわち農地の貸し手と借り手の調整を「むら」に期待した。具体的には、その「むら」の土地管理機能を制度・法として体系化したのが、「農用地利用増進法」であり、そこでは「むら」に「利用改善団体」という土地利用調整の土地管理機能を持たせようとした。すなわち、「むら」が本来持っている機能を「利用改善団体」――ただし、「むら」は自治主体には馴染まないとして市町村が管理することになるが――として承認し、地域住民の主体性と自主性を重視するものであった。その意味では、規制法的な農地法とは別のものを作り出すことにより、中核農家に農地が集積されるようにしたものであった。一九八〇年「八〇年代農政の基本方向」では、中核的農家と安定兼業農家が共存している現状を正しく認識しながらも、あくまでも兼業農家は、中核農家の規模拡大に理解を示す、「地域農業の振興に協力する」ことが期待された。しかし、この構造政策としての「むら」の活用は、正確に言えば成功しなかった。なぜならば、「むら」は基本的には「形式的平等性」と「位階階層」という相矛盾した構造を持っており、とりわけ、「平等性」を担保するものには対応するが、暗黙に承認されている「位階階層」を乱す一部の特定の者に農地が集積することには対応しない。それを政策的に誘導するのであれば、反対するというのが「むら」である。ここで確認しておかなければならないのは、「平等性」を担保する手法であれば、農家は対応するが、そうでない場合には忌避を示す場合が多いということである。

(2) 構造政策と農村政策の非対称性――脱「構造政策」への道

その後、一九八六年から始まるガット・ウルグアイ・ラウンドにより、農産物価格支持政策を撤廃することが世界的な議論となる。WTO体制への移行、すなわちグローバリゼーションという世界的な農業調整への突入であり(8)、市場原理主義に大きく転換することになった。いわゆる新基本法(一九九九年「食料・農業・農村基本法」)制定につながる、一九九二年に示された「新しい食料・農業・農村政策の方向」(「新政策」)で、農家を選別し特定農家に支援することに集中させることを明確にする。先にみた「農用地利用増進法」は、一九九三年に「農業経営基盤強化促進法」となり、そこでは「認定農家」制度を設け、その認定農家に直接に融資するというものにつながった。

かくして、構造政策の手法は、「むら」機能を利用し、特定の農家に集中させるというのではなく、市町村が特定の農家を選別し、支援をそこに集中させる方法に変わる――「むら」の土地管理機能との実質的決別――。

ところで、一九八〇年代後半の状況は、なぜ、「新政策」（一九九二年）そして「新基本法」（一九九九年）の制定に取り組まなければならなかったのかを若干説明しておかなければならない。すなわち、経済大国日本は、バブル経済に象徴されるように、農産物輸入の拡大と農産物価格の低迷により、農業とその担い手（主体）及び農村社会の空洞化が急速に進行する。そして、新たに中山間地問題に象徴される過疎化、高齢化、担い手不足、そして限界集落等の顕在化、それに加えて先のガット・ウルグアイ・ラウンド農業交渉への対応の要請も強まり、新しい「構造政策」が必要になった。特に、「新基本法」における構造政策は、農産物価格と国境保護の更なる引き下げ方針とリンクした、経済効率を重視する市場原理主義の手法になり、農地流動化と規模拡大の一層の強化が謳われる。そこに出てくる用語は、「経営体」、「経営政策」であり、とりわけ「法人経営」を主要な農業の担い手と明確に位置づけることになる――その「法人経営」は形態としては「株式会社」形態、そして企業の農業への参入を目論むものであった。

しかしながら、グローバリゼーション、市場原理主義の政策手法を、すべての場面で貫徹させることが出来ず、中山間地域を念頭に置いた「農村政策」を掲げ、農業・農村の多面的機能に着目せざるをえなかった。この「農村政策」は農村地域の基本的な単位である「むら」を対象にしなければならなくなる。例えば、二〇〇〇年の「中山間地域等直接支払制度」も基本は「集落協定」を前提にしており、それは、むら＝集落そのものを取り込まなければならなかったのである。農業の多面的機能に着目するのであれば、農村における農家構成の多様性を前提に成立している農村を対象としなければならない。その農村の「むら」を維持するには、農家を選別する構造政策の論理ではスムーズにいかないことは明らかである。

周知のように、二〇〇五年「食料・農業・農村基本計画」では、「品目横断的経営安定対策」として認定農家・認定農業者に特別の支援をし構造政策を進めようとした。しかし、その名称すら「水田・畑作経営所得安定対策」に変更し、その面積要件はあまりの批判に認定農業者四ヘクタール（北海道一〇ヘクタール）、集落営農二〇ヘクタールを基本にしつつも、要件に合わなくても市町村が加入を認める特認制度を設けざるをえなかった。多くの地域で認定農業者のみでは対応出来ず、結局は「集落営農」を選択する地域が圧倒的に多かった。かくして、「新基本法」制定して一〇年経ち、また民主党政権が成立したことにより、「戸別農業所得補償制度」も入れた変更がなされ、新しい「食料・農業・農村計画」を二〇一〇年三月三〇日に閣議決定し、装いを新たにスタートしようとしている。以前の自民党政権のもとでの「構造政策」のトーンとは違い、「再生産可能な経営を確保する政策への転換」を明確にし、「兼業農家、小規模経営の農家を含むすべての農業者が将来にわたって農業を継続し、経営発展に取り組むことが出来る環境を整備し、再生産可能な経営の基盤を作る政策への転換」を計画に取り入れている。この点からも、従来の選別による特定農家への支援とは違う構造政策が模索されようとしている。構造政策と農村政策の非対称性からの転換が図られる可能性も出てきた。

2 「農地の自主管理」と集落営農――成立と変貌

農村地域における地域再生はどうあるべきかを考える場合、明確な地域再生の理論が存在するわけではない。しかし、現代の構造政策=農地管理を等閑視した地域再生論が盛んに存在する。その一例が、後に明らかにする直売所に象徴される最近の農業ブーム論である。しかし、この直売所はその発生史から考えても、徒花的ニッチ的側面が強く、これが農村の地域再生の主流になるには、今少し慎重でなければならない。構造政策と農村政策の整合性のある地域再生を図るには、地域独自の方法が模索されなければならない。その点を考えると、上からの構造政策を地域の農家がどのように受け入れ、かつ自主的なものに読み替えてきたか、より具体的には、構造政策を独自に組み替えてて、結果的には農村政策を追求することになった事例をみておきたい。

長野県上伊那地域における農地管理システムは、地域が独自に考え出した、真の「農地の自主的管理」であり、それは「宮田方式」から出発し、その改訂版としての「飯島方式」にまで発展し、近隣の伊那市、南箕輪村、箕輪町、そして駒ヶ根市等にも敷衍されつつある。そこで、その「農地の自主的管理」の歴史的意義を再認識し、地域再生との関係性を確認する必要がある。同時に、今回の「改正農地法」の制定（二〇〇九年）により、「耕作者主義の放棄」、「賃貸借の自由化」、「企業参入の自由化」（企業の農地所有権取得は認めていない）等が現実のものになった。政策当局が述べるように「平成の農地改革」と位置づけても良い状況にある。その中にあって、地域が独自に考え出した「農地の自主的管理」は、かかる政策の変更により、大きく変更せざるをえなくなる可能性を含んでいる。「農地の自主的管理」は奈辺に向かうのかという点をここで考えることは、地域再生の方向を考える上では極めて重要である。

(1)「農地の自主的管理」という言説

この「農地の自主的管理」論は、故東畑四郎元農林省事務次官が仕掛けた、前述した一九七五年「農用地利用増進事業」、一九八〇年「農用地利用増進法」の一連の農地制度創設に関わる言説である。ただし、この言説は、東畑が農林省を退官後、農地問題、農地政策に対し、その仕掛け人としての考えを示めしたもので、本人自らが著書として体系的にまとめたものではない[9]。この「農地の自主的管理」論を最初に整理したのが今村奈良臣であり、それを、①地方分権的農政の確立、②土地有効利用のモラルないし哲学の確立、③土地の効率的利用を促進するための集団的活動の必要性、④農地の公的管理システムの確立、⑤土地プールの構想の五つに整理し、東畑を高く評価している[10]。また、東畑を「最後の農林官僚」と位置づけ、東畑の「その人と業績」を整理し、かかる「農地の自主的管理」論を検討したのは庄司俊作である[11]。そこでの結論は、ややデフォルメしていえば、官僚、政策マンとしての東畑の限界を、一九七五年「農用地利用増進事業」、一九八〇年「農用地利用増進法」の具体的な一連の農地制度設計では、その考えは当初の「むら」の土地管理調整機能とは違い、「むら」=集落にまかせるのではなく「市町村」にまかせることになり、換骨奪胎されたことに求めている。

やや順序が逆になったが、「農地の自主的管理」とは、いかなる言説であるかを簡単にみておきたい。東畑の考えは「土地と農政」という講演録[12]の中に端的に示されている。

そこで示されている本来的な農民像は、柳田国男『時代ト農政』[13]の常民的農民論である。すなわち、「一業とは農業を本業とする者、二業とは農家副業をやって家計を賄っている者」のうち、前者の農業を本業にやっている者に焦点を当て、「先祖代々農一筋に生きている家」、「カネ儲けのために必死になるということではなく、一生、土地を持ってやっていく」「常民的農民」である。次に、そうした「常民的農民」を前提にした土地管理はどうあるべきかを、農民の自主性の回復という視点から提起している。その場合、農民の「私」=エゴと、官としての「公」ではなく、「農民の公とその組織化」が必要だと言う。かかる農民的「公」とは、「農民的なベースでの厳しい規律をつくってゆくという組織体」であり、それは「政府のものでも、県のものでもない農民自体の公」だという。その東畑が考える農民的「公」という組織体・世話役は、いわゆる「むら」そのものではない。そのことを「本当に農業をやろうという人を核として、その他大勢の農業をやるいろいろの人がおられるので、そういう方々を一つの形に組織化するという、こういう公的なものを組み立てるという世話役」が必要だと述べている。こうした農民的「公」という世話役は、「むら」でもなく、市町村でもなく、「農業をやる常民」を育てるには、「その他大勢の農民を排除しない」で、まとめてゆく、そういう「世話役」を求めている。しかし、その「世話役」の具体的なものは示されていない。

この世話役が土地の利用調整、農地管理主体となれば、真の意味での「農地の自主的管理」が出来ると考えたと言って良い。ところで、「農用地利用増進法」における東畑の原発想は「むら」の「共」的自立性の確認＝農民的「公」に立っていたと総括するのは磯辺俊彦だ。(14) しかし、結局、この考えは換骨奪胎される。すなわち、農業集落は自治主体には馴染まないという内閣法制局の判断から、「農用地利用改善団体」に後退した。

(2) 「農地の自主的管理」としての「宮田方式」の成立と変貌

かかる「農地の自主的管理」の考えは、以下、具体的にみる「宮田方式」がモデルになった側面が強い。東畑が考えた「農地の自主的管理」は制度としては換骨奪胎され、形骸的な「農地の自主的管理」となってしまったが、「宮田方式」は「むら」の「共」的自立性をもつものであったと評価できる。同時に、「構造政策」という名目で実施されたが、その実態と現実は「農村政策」になった可能性が強い。

宮田村は、一九七一年から全村を対象とする県営圃場整備事業に取り組み、それを受けて一九七四年に村農業振興条例を定め、そこでは、耕作組合・生産者団体の農場（この農場は村長の定める村内の農用地、農業施設等を含む概念であり、一集落一農場及び一村一農場的発想）への参加、農家の規模拡大や企業的経営の育成を講じるとして、生産団地の創設と農用地の流動化の促進、機械施設の高度利用等が掲げられている。その文言とは裏腹に具体的な実態は集落営農方式の各集落の「集団耕作組合」が主体になっている。農村工業化（戦前から組合製糸等の歴史）の七〇年以降の急速な進展による専兼別分化の促進、専業農家は稲作の省力化による集約作目の導入（リンゴ、花卉栽培、酪農等）、兼業農家は作業委託・経営委託による恒常的勤務の常態化を目指すために農地を「村長」へ一括委託をすることにより、農地賃貸借の斡旋を行うが、具体的な実行部隊は「集団耕作組合」である。当時、一括委託は農地法違反といわれながらも、「申し合わせ」で村長に一括委託するが、それを担保する農協が農家から借りて「借り手」農家に貸すというものであった――農協が農地保有合理化法人と認められる以前での実態であるが――。賃貸条件は「相対」で決めるが、農協が間に介入することで、保証機能の一種を果たすもので、一九七五年の「農用地利用増進事業」の先取り的なものであった。

このことを、どのように評価するかは別として、東畑四郎の「農地の自主的管理」の具体的な存在形態であったと思われる――ただし、現行の賃貸借関係は農協による農地保有合理化によるが、それが認められるまでは農地法違反といわれながらも農水省行政も「黙認」していた事実はそのことを裏付けている。一応、各集落毎に集落の全員が参加する「集団耕作組合」が、農地の利用調整を行うものとして「農地の自主的管理」が確立していく。この「集団耕作組合」は、現在、各集落の「営農組合」に名称は衣替えされているが、同時にそれは各集落の「地区農地利用委員会」でもある。

ところで、宮田村のもう一つの特徴として「宮田方式の地代管理」なるものが存在する。すなわち、一九七八年から独自の共助制度として出発するものである。転作奨励金と農家からの共助供出金と併せて委託者に稲作所得の八割補償、受託者と転作自作者にも一律補償（自作転作取り分＝委託者取り分＋受託者取り分）をするというものであった。そのために一九八一年からは、村の農地利用委員会が転作奨励金を一括受領することを始めた。さらに転作団地を作り、貸し手の受け取り地代は作目にかかわらず一律にし、借り手の支払い地代は作目毎に定める方式をとった（一筆地代と作目地代の関係）。すなわち、借り手の作目にかかわらず、受け取り地代は一定という作目地代から一筆地代への転換による所有と経営の分離方式であり、貸し手はそれなりに地代が保証される関係が成立している。実際には高齢農家と兼業農家救済策としての意味合いが強かったといわれるが、このことを「地代管理」と呼んでいる。私たちは範疇としての地代ではないので、「所得管理」という言うべきだと考えている。実際に高い転作奨励金が少なくなりはじめたために、様々な交付金も一括受領して、「貸し手」と「借り手」の双方に所得が補償されるシステムを作った。国の補助金政策、価格政策等にリンクさせ変容しながらも、このシステムは現在も継続している（図1参照）。

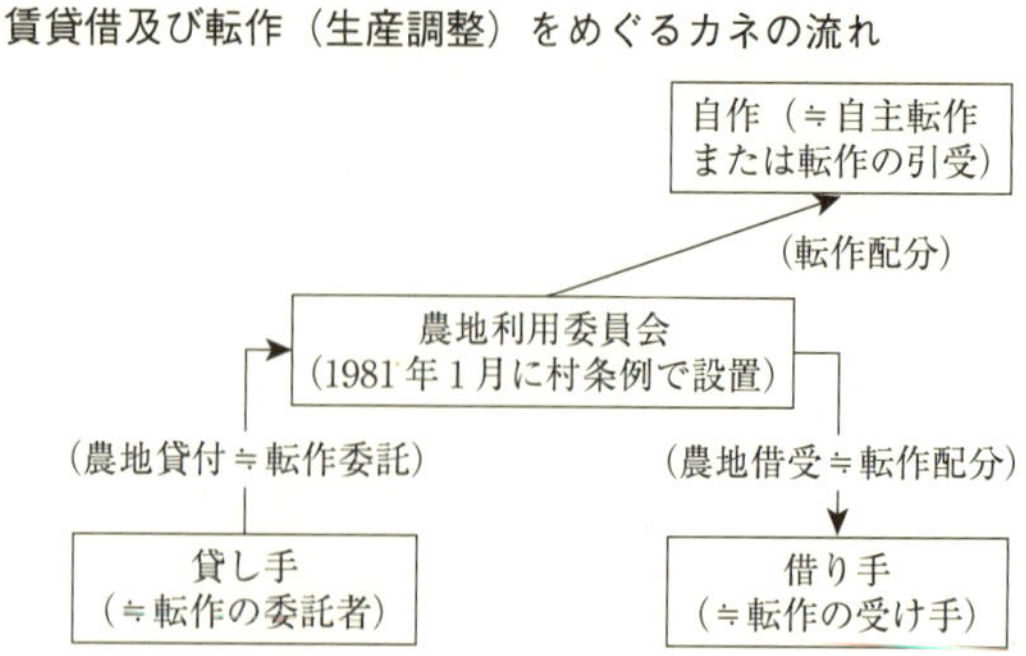

資料：宮田村役場資料より作成（2009年8月24日）．

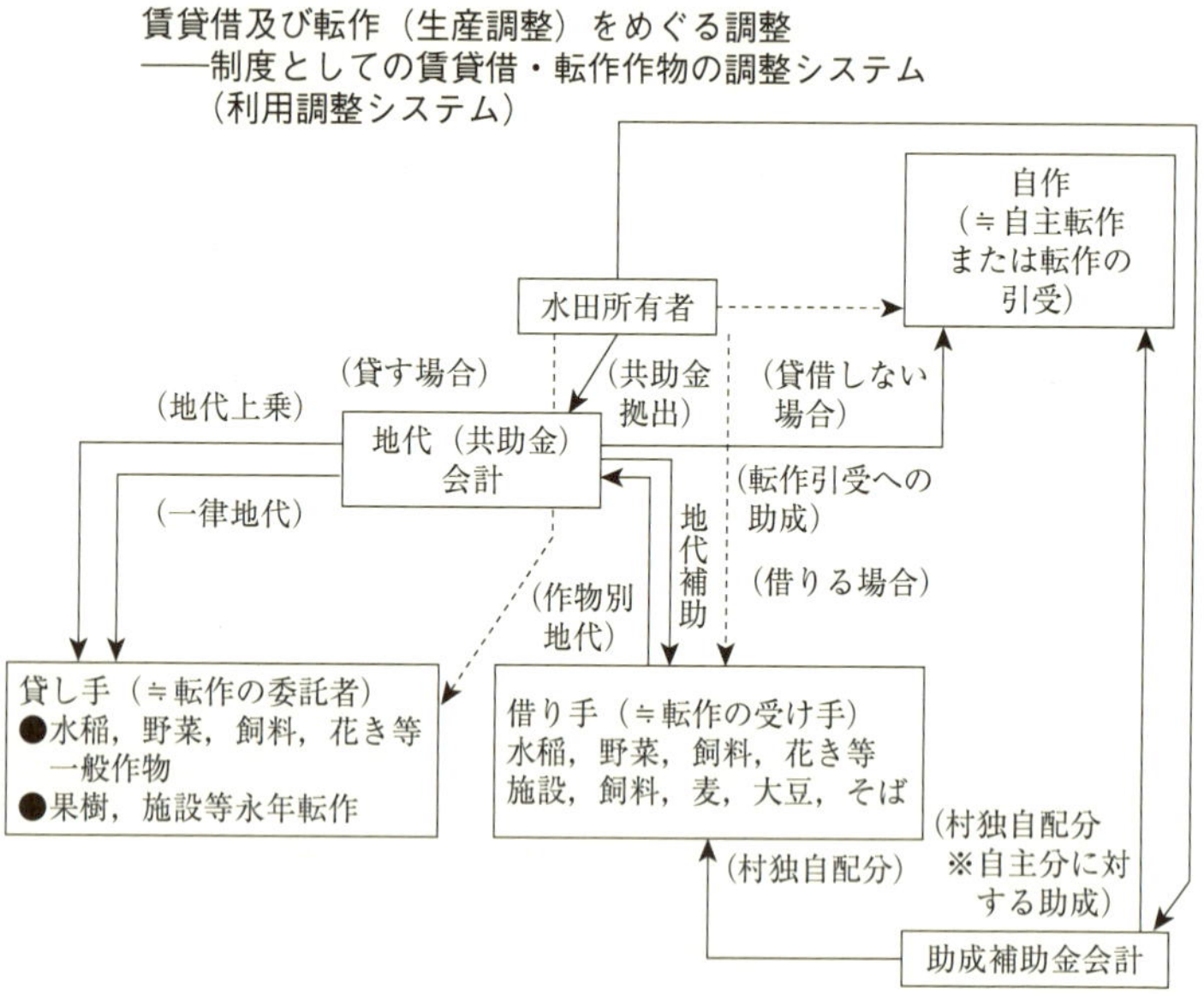

資料：宮田村役場資料より作成（2009年8月24日）．

図1　農地利用委員会と地代制度の確立

宮田方式が、なぜ成立し維持することが可能であったか確認しておかなければならない。第一に、戦前からの地域の農村工業化は、圧倒的多数の兼業農家を生みだし、三世代兼業農家という構造を刻印した。そのために農業内部の論理からのみで地域農業変革の論理を考えなかったことである。そこでの賃労働兼業者は、地域の労働運動の影響を受け、賃労働と自家農業の均衡という発想が働き、このことは、農業内部の農業生産主体のみを考える生産力主義的発想ではなく、兼業農家の賃労働者としての側面を十分に反映されたものとして存在している。そのために「土地」は、個別農家のものであるが、地域の「土地」を利用するという認識が生まれ、村＝農用地利用委員会で管理・調整するという発想とシステムになっている――「土地」は集落＝むらの土地という観念は働くが、宮田村全体としての村で「土地」を利用すべきだと観念するようになったのは、賃労働＝労働運動からの影響を受けたからである。また地域の土地利用区分という側面からすれば、宮田村は工場導入に伴う住宅地の建設を、農業に適さない、農業の限界地域に設定し、優良農地を確保する線引きも積極的に行った経過も存在する。

第二に、集落＝むらの「土地」という論理は薄められながら、基本的には集落の土地として観念され、具体的な賃貸借の利用調整、農作業受委託を担ったのは個々の集落の「農用地利用委員会」＝「集団耕作組合」＝「営農組合」である。それだけではない。賃貸借の受け手組織としては、各集落に存在する「壮年連盟」――以前から存在する中高年を中心にした「サラリーマン農家」の任意組織――が担っている場合もある。またこの壮年連盟は、同時に、若衆宿的な役割を果たし、農業タッチ度が低かった「あとつぎ層」に、農業への関心を強める役割を現在では果たしている。

しかしながら、宮田方式に関する評価は、兼業農家対策として成立したが、担い手を育成し、その担い手に農地を集積するという「構造政策」が成功してないということから、極めて低く、かつ「否定的な評価」が一般的である。確かに大規模な経営等の担い手は育たなかったが、こうしたシステムのために基本的には「耕作放棄地」は存在しない。(15) このことを「停滞」と評価するのか、それとも兼業をしながら農地を維持する絶妙な均衡バランスが成立していると評価するのか、「見方」、「視点」により評価は分かれる。停滞という評価をする前提は、「構造政策」という視点での論者である。私たちは、無用の紛擾を起こさない「農村政策」の「農地管理」として評価すればよいと考える。すなわち、地代管理＝所得管理の現実は、農村政策の理念そのものである。

「構造政策」か「農村政策」かという二項対立的に捉えるのではなく、「構造政策」という建前の「農村政策」に一部なっている現実を、私たちは再評価しなければならない。

(3) 「農地の自主的管理」と集落営農

東畑の「農地の自主的管理」の考えは、換骨奪胎され、八〇年「農用地利用増進法」となり、結局は、官の管理する構造政策手法としての農地管理になってしまった。それに対して、宮田方式は呻吟しながらも「耕作放棄地」も出さず、「農地の自主的管理」を行って維持してきている。それは何故か。重要なことは、東畑が考えた「農地の自主的管理」がベースにしている常民的農民論

（いわゆる農業で生きていく専業農家としての担い手像）のみではなく、地域の兼業農家（柳田国男的に言えば、農業に対して冷淡なる農民）、高齢農家等の意向を入れた、真の意味での「農地の自主的管理」を行っているからである。その基本は「集落営農」範疇のものである。その点を考えると、構造政策が求める「担い手育成」になっていない側面が強いが、その点を一部改良したのが近隣の飯島町の飯島方式である。集落を越え、大字単位の集落連合での農地管理、土地利用調整を行い、その上に、構造政策が想定する担い手としての農業生産法人を位置づける、いわゆる「二階建て集落営農」論である。

真の意味での「農地の自主的管理」とは、官が推進する構造政策手法を形式的には取り入れ、その官の構造政策を逆に換骨奪胎していると考えることが出来る。東畑の「農地の自主的管理」の言説は、制度・法としては換骨奪胎されたが、官の構造政策を宮田方式は逆に換骨奪胎するというアイロニーを生み出している。

宮田方式も、そして飯島方式もそのシステム自体は完璧なものではない。しかし、現段階において「耕作放棄地」を出していない、この方式は驚異であり、かつまた「常民的農民」を前提に考える「むら」でもなく、実は圧倒的多数の兼業農家が主体になって成立している事実は、地域再生とは何かを虚心担壊に考えなければならないことを示している。この兼業農家は、柳田国男的に言えば、「二業という農家副業」であるが、彼等は決して農業に対して「冷淡なる農民」（柳田国男）ではなく、むしろ農業を前提に考えている。このように考えると、この兼業農家を排除することなく、システムは考えなければならない。現代的な言説で言えば、兼業農家＝労働者の意向も入れた農村地域の「新しい共同性」の「むら」であり、「古い共同性」の「むら」ではない。このことの確認が重要である。共同幻想としての構造政策の呪縛から解き放され、脱「構造政策」を道をいかに見出すかが、農村地域の地域再生の道である。しかし、グローバリゼーションと市場原理主義が吹き荒れる中、農水省経営局は規模拡大、法人化を推進し、農村振興局はむらの再生と地域と環境保全に対する政策を推進している。構造政策と農村政策が見事に相矛盾するものとして存在する非対称性を示している。

私たちは、いつしか構造政策を前提にした農地制度・農地管理を議論してきたような気がする。本当にそれでよいのか。やや抽象的な言い方をすれば、東アジア小農社会では「構造政策は向かない」構造政策不能地域（野田公夫説）であることを認識することが必要である。[16] 私たちは構造政策という発想から解き放されなければならない。

3　直売所による地域再生

前節までは構造政策と地域再生との関係性について検討してきたが、ここでは直売所と地域再生と関係性についてみておきたい。空前の農業ブームの中で、マスコミが「農業特集」として、最も多く取り上げられるのが直売所である。その直売所は今や全国に一万三千〜一万四千カ所も存在すると言われている。ここまでくると、直売所は、もう農業衰退の中での「徒花」[17]と説明するだけではすまされない状況にある。直売所による農業再生、地域再生に、その希望を見出したくなるのは当然である。そこで直売所による地域再生が可能かという問題を垣間見ておきたい。

だがしかし、直売所による地域再生には慎重にならなければならない理由がある。私が危惧していたことが、現実のものとなった。全国的にも有名な直売所である大分県日田市（旧大山町）の大分大山町農協が運営する「木の花ガルデン」に対して公正取引委員会は、二〇〇九年一二月一〇日付で、独禁法第一九条の規定に違反したという判断を下した。周知のように、大分大山町農協は、「梅・クリ植えてハワイに行こう」というスローガンのもと、一九六〇年代に農業構造改善運動「NPC運動」を、当時の町長であった故矢幡治美氏が提唱し、山間地域の水田農業からの解放を訴え、当時の平松守彦大分県知事による「一村一品運動」の具体的なモデルとして注目されたところである。その大分大山町農協が一九九〇年に、農産物直販施設「木の花カルデン」の運営を開始した。生産者が自分で値段をつけて管理・運営する方式を導入し、一部にレストランも併設して、現在、大分・福岡に七店も展開し、二〇〇九年度には約一九億円の収益をあげるまでになっている。その大分大山町農協が独禁法第一九条（不公正な取引方法第一三項［拘束条件付取引］）の規定に違反しているとして排除処置命令が出された[18]。その違反行為の概要は、「木の花ガルデン」大山店が、近隣に出来た「日田天領水の里元氣の駅」が開始したことから、その双方に出荷登録者となっている者に、「元氣の駅」に出荷しないように、二〇〇九年四月一日の臨時理事会で決定したことに対し独禁法違反とし、その排除処置命令を出した。

農協共販に反対する生産者やアウトサイダー扱いされた人達から始まった直売所は、農協から敵対視されていたが、二〇〇三年第二三回JA大会決議案において「JAファーマーズマーケット」（農産物直売所）を地産地消の拠点と位置づけ農協の事業とした。そのために全国各地で直売所が急激に増加し、「制度としての直売所」[19]が成立することになり、生産者、農家を囲い込みをしたり、差別・区別し、選別化が行われ、必ずしも本来的な地域再生に繋がらない現実が静かに日本の農村で進んでいる。そこで、私たちは、直売所が、地域の農業者の自立に繋がらない限界を知らなければならない側面があること踏まえ、どのような直売所が真の意味での地域再生に貢献するかを明らかにしておきたい。

(1) 二極化する直売所

かかる注目の直売所は一万三千～一万四千カ所、直売所市場規模一兆円以上と言われ、直売所についての報告は多いにもかかわらず、構造的に検討されたものは極めて数少ない。周知のように、全国に直売所が実数としてどのくらい存在するか、を示す体系的な統計すら存在しないのであるから当然である。しかしながら、香月・小林・佐藤・大橋共著『農産物直売所の経済分析』が、農水省統計部のデータを組み替え集計等を利用し、現段階（二〇〇九年）の直売所をめぐる課題を明らかにしている――本格的な構造分析には未だ至っていないが現時点では秀逸な報告の一つである。

1．2005年農林業センサスによる数字

有人施設　13,538カ所（A）

利用者総数　230,015,158人（B）

→1有人施設当たり利用者数（B/A）　16,990人

＊『第7巻・農山村地域調査および農村集落調査報告』（2005年農林業センサス）

2．『平成16年農産物地産地消等実態調査』（2004年）

13,538カ所（2005年センサス）（内訳）

→「A．農協および市町村・第3セクター」（設置主体）→ 2,982カ所（22%）

→「B．A以外の直売所」→ 10,556カ所（78%）

3．農協および市町村・第3セクターの組み替え集計
（但し，実際の組み替えのサンプル数　2,118カ所）
↓

1直売所当たり販売金額　75百万円
1直売所当たり参加農家数　164戸
1直売所当たり購入者数　8.1万人
（うち近隣居住者）　（5.4万人）

（注）農協および市町村・第3セクターの組み替え集計は次のものによる．
香月敏孝・小林茂典・佐藤孝一・大橋めぐみ「農産物直売所の経済分析」『農林水産政策研究』第16号．21－63頁，2009年．

4．設置主体別・運営主体別

	設置主体別		運営主体別			
	農協	市町村・第3セクター	農協	農協の組合員（女性部・青年部）	第3セクター	任意団体・個人
直売所数（2,118カ所）	1,118（52.8%）	1,000（47.2%）	809（38.2%）	237（11.2%）	350（16.5%）	722（34.1%）
1直売所当たり販売金額（75百万円）	87	62	106	26	83	52

図2　1万3000～1万4000カ所の直売所

その一万三千～一万四千カ所存在する直売所の量的側面を示したものが図2である。また香月等は、政府統計を組み替え集計することにより、一直売所当たりの販売金額七千五百万円という数字をはじきだしており、それを単純に計算すると直売所には、ほぼ一兆円の市場規模が存在することになる。事実、二〇〇九年現在、直売所は一施設当たり平均すると一億円以上で一兆円市場にも成長したといわれている。

直売所がどのような運営形態別構成になっているかが問題であるが、私たちが直売所を調査している限りでは、成長・大規模化と停滞・縮小化の二極化傾向が着実に進行していることは認識出来る。事実、「農協および市町村・第三セクター」等の直売所は、大規模化し成長しており、「生産者・生産者グループ」「その他民間企業」等の「その他の直売所」は販売金額が伸び悩んでいる。とりわけ、「その他直売所」でも二極化が進んでいる。すなわち、「農協および市町村・第三セクター」と「その他の直売所」等への二極化と、また同時に「その他の直売所」内部での二極化という状況が進んでいる。なお、この「その他の直売所」にも一部には数億も上げる個人経営のカリスマ直売所も点的には存在するが、販売金額が極めて少ない直売所が圧倒的に多い——なお、ここで取り上げる個別具体の実証として登場する、「グリーンファーム」もそのカリスマ直売所の一つである。

疲弊している農村地域では、「その他の直売所」のように箇所数は多いが、販売金額は極めて少ない直売所に注目し、その「可能性」に期待しなければならない。なぜならば、有り体に言えば、

「農協や第三セクター」等が運営する直売所の場合、先にみた、大分大山町農協の「木の花ガルテン」のように、「出荷者の囲い込み」、「出荷者の選別化」、「自己選別化」等の様々な矛盾が露呈しており、かつての大量生産・大量消費型を支えていた農協共販の「罪」の部分が見え隠れしているからである。直売所の構造分析、そして本来直売所とはどのようなものか、を原点に返って「農協や第三セクター」以外の直売所を検討しなければならない。

ともあれ、重要なことは次の点の確認である。危機の混沌とした時代には、必ず未来を展望する動きが存在するものであり、それは、時代に翻弄されず、地に根を張った確かなものとして存在しているはずである――ある意味、恐慌（暴力的価値革命）が次の段階の新しい価値体系＝生産力体系を準備しているように。その意味からすれば、農協等を中心とする大規模産地形成、大量生産・大量消費の時代にあまり注目されなかった、大量生産・大量消費の農協共販に反対することにより成立してきた直売所に「地域再生」の基本的論理が存在する可能性があると確信するからである。

この点からすれば、ここでの事例は、成長・大規模化する「農協および市町村・第三セクター」の直売所に焦点を合わせた一般的な直売所論とは一線を画している。とは言うものの、決して「農協や第三セクター」の直売所を否定するのではなく、むしろ評価しているからこそあえて辛口のものになることをまず述べておかなければならない――ここで取り上げる個別具体の実証の直売所は、その設置主体・運営主体は「個人」（小林史麿さん）の長野県伊那市の「グリーンファーム」である。

(2) 直売所「グリーンファーム」が提起するもの

グリーンファームの誕生過程を見ておきたい。一九九四年四月二日にオープンするが、場所は伊那市ますみヶ丘の大型農免道路沿いである。ますみヶ丘地区は戦後開拓地域（その後一九七〇年後半に畑潅事業実施地区となる）で直売所の周りは酪農家の飼料畑であった。親戚農家の農地（二三〇〇平方メートル）を借地して二〇〇平方メートルの鉄骨平屋の売り場を開設した。

農家の自家用の余剰野菜や系統共販の規格外品等をどうにか商品化できないかという相談を受けた小林史麿さんはグリーンファームを開設することになった。しかし、それにしても出荷してもらう生産者を組織しなければならない。そこで、大まかな生産者の同意を得るために、出身地の伊那市横山地区、それに直売所を設置するますみヶ丘地区等を中心に、各農家を回って出荷の依頼と同意を得た。あくまでも自家用野菜や規格外が中心であるので、売り場はコンポネ（戸板）を並べて作り、ビニール袋詰め（ワンコイン）の一袋百円というのが出発点であった。

ところで開設に当たり、周辺の農家を中心に配付されたチラシが存在するので、それを確認しておきたい。

産地直売所開設に伴う農産物等の出荷のお願い

長引く不況下に、安全で安く、新鮮な農産物を得ようとする消費者の産直志向は、ますます強まるものと思われます。この施設が、西部地区の活性化に何らかの貢献が出来ればと考えています。

産直市場は、生産者負担の軽減と少量生産物でも気軽に現金化できるのが特徴であり、過剰な規格、選別、流通経費のカット、包装や出荷管理等の軽減化により、消費者へのサービスを向上させ、何よりも生産者の実利を計るものでなければと考えております。

この直売施設は、以上のような考えのもとに、将来には本格的な産直市場にして参りたいと考えています。

産直市場は、何と申しましても安くて、新鮮、豊富な品揃えが生命と言われています。つきましては西部地域の皆さんの生産する農産物の直売を中心に考えています。是非とも、品目の如何、数量にかかわらず出荷していただけますよう、今から計画と準備をお願い申し上げます。

どなたでも気軽に出荷して頂くシステムです。春野菜、自家用の余剰野菜、根菜類、山菜等の出荷も計画してみてください。

直売所の運営は、生産者からの委託販売方式で、委託費は売りの二〇パーセントとし、その委託費によって直売所の運営をまかないます。

売上金は一週間毎に出荷者に精算します。（以下略）（傍線は加藤による）。

開設時から明確な理念のもとに運営することが決意されている。最初の傍線部分は、集散市場体系、系統共販に対する反卸売市場、反農協共販の意志が明確に出ている。また後者の傍線部分には運営に関わって委託手数料二〇％と代金決済が一週間であることが明確に述べられている。この基本は現在も変わらない。このチラシの効果もあり、開設出発する時点で登録生産者は七〇名からスタートしている。

登録生産者の拡大と売り上げは、開設時の一九九四年四月七〇名、二カ月後の六月二五〇名強・初年度売り上げ五千万円、一年後一九九五年五月五五〇名・売り上げ一億円、三年後一九九七年五月八五〇名・売り上げ三億六千万円を示している。そして九年目二〇〇三年約七億円、その後は当初の勢いのような高い成長は示していないが、ほぼ一四年後の二〇〇八年は、登録生産者一六〇〇名・売り上げ八・五億円にもなり、二〇〇九年度はほぼ一〇億円となっている。

なお、注意を要するのは、こうした売り上げがすべて農産物等を中心としたものではなく、一方で、消費者の要求に答えて一般のスーパーにもあるようなものを業者から仕入れているものも含まれる（その内訳は農産物等の委託販売が六割を示めるのでほぼ六億円規模の店に相応する）。この消費者のなかには登録生産者がかなり含まれている（生産者＝消費者という関係）。一般的な消費者というよりも登録生産者の日常の生活品に答えるものとなっている。そのために多様なものを販売している。では、グリーンファームのビジネスモデルはどのようなものかを確認しておきたい。

グリーンファームのビジネスモデル

ＪＡ「ファーマーズ・マーケット憲章」と比較すると、グリーンファームはかなり違ったビジネスモデルを示している。では何故そのようなことが生じるのか。答えは単純である。小林さんの基本は、直売所に関わる「生産者と消費者」が必要とすることは可能な限り答えるという姿勢だからだである。

小林さんの経営手法なり考え方は、いたずらな経営拡大というのではなく、生産者と消費者の要求に応えるという姿勢である。実際に、グリーンファームの成長・繁盛ぶりをみて、近隣の行政等からも是非、我が町・村にも二号店を作ってくれと言う要望が多い。しかし、そうしたものには一切耳を貸さないのが小林さんだ。また、販売管理等に関わって、権限を現場の担当者に与えるという手法をとっており、労務管理としても実に素晴らしい。そのことに示されるように、定着率が高いし、小林さんに対する従業員の信頼は極めて厚い。それだけではない。従業員の正社員もパート社員もその働き方の違いはあるがその基本は「同一労働・同一賃金」を原則にしており、担当者に権限が委譲されているために一般的な職場での「労働感」とは違い、「自らの労働」観を変化させ、単なる労働力の販売というのではなく、人間の労働力の陶治・人格的陶治にも大きく貢献している。「労働疎外」からは遠く離れ、自らの人間の回復と社会的存在（役割）としての認識を高め、あるべき「働き方」を示唆しており注目に値する。

農産物直売所が、どのような運営主体により運営されているかによって異なるが、それなりの

「原則」、「ルール」が必要である。その「ルール」如何によって、その組織の基本的なスタンスが決定する。では、その原則をみることにより、グリーンファームに貫徹する論理、ないしはスタンスの一端を見ておきたい。

JA「ファーマーズ・マーケット」と「グリーンファーム」の原則

二〇〇三年一〇月にJAは「ファーマーズ・マーケット憲章」を提示した。この「基本理念」は実にすばらしいので、以下確認しておきたい[20]。

わたしたちは、ファーマーズ・マーケットを地域で生産された農産物を地域で消費する「地産地消」の拠点として位置付け、高齢者や女性などを含む、多様な農業者の育成と協同活動を通じて、地域農業の振興をはかり、新鮮で安全・安心な農産物の供給を行い、地域経済の発展と自給率向上に貢献します。また食と農に関わる様々な取り組みを通じて、地域の食と農に関わる文化の発展、継承に貢献するとともに、農業振興とJAの社会的役割に対する消費者の理解と支持を高め、「消費者との共生」を推進します。

そして七つの「運営方針」を次のように述べている。

第一に消費者ニーズにあった豊富な品揃えを目指す。第二に周年作付け・周年出荷体制の確立を目指し、地場生産比率を高める。第三に生産、出荷、価格設定は出荷者の自己責任で行う。第四に品質管理を徹底し、新鮮で安全・安心な農産物を提供する。第五に地域農業と農産物に関する情報を積極的に提供する。第六に食の安全性に責任をもって消費者に安全を届ける。第七に輸入農産物は取り扱わない。

しかし、「ファーマーズ・マーケット憲章」と比較するとグリーンファームはもう少し柔軟であり、原則、運営方針はある意味基本的には無いと言っても良いぐらいだ。それでもグリーンファームは以下の、第一に、「生産者」「地域」は限定しない、第二に、出荷時間は生産者の都合に合わせる、第三に、委託手数料は二〇%とする、第四に、代金決済は週一回、第五に、取り決め・申し合わせ事項等は基本的に設けないの五つの基本原則は設けている。

では具体的に見ておきたい。

①「生産者」「地域」は限定しない――農協運営による直売所ではないので、組合員を前提にしている訳ではないし、地域を限定している訳でもない。ここグリーンファームでは出荷者は誰でも良い。いわゆる農民・農家範疇でなくても良い。「生産者の会」制度を設けているが、出荷するのであればその場で登録してその「生産者の会」のメンバーとなる。その場合、入会金も登録料も発生していない。生産者の会＝登録生産者は現在一七〇〇名である。また、生産者は伊那市および周辺の南箕輪村、箕輪町、辰野町、宮田村等が主であるが、県外の例えば愛媛のミカン農家とか沖縄の南大東島とかの登録生産者もいる。したがって、生産者、地域を限定してない。これがグリーン

ファームの強みでもある。

何故、こうした生産者、地域を限定しないのかは次の理由からであった。一九九四年にグリーンファームが出発する時に、困ったことは品揃えであった。何しろ、農協の系統共販にのらない規格外を中心にするにしても、農家が当時作っていたのは特定品目に集中する傾向があった（産地形成と共販が結合していたので専作化）。したがって品揃えは難しい。多様な品目を揃えるためには、生産者を限定したり、地域を限定すれば特定品目のみに集中するので、それを克服するためでもあった。

②出荷時間は生産者の都合で――高齢者や農家の個別の事情に合わせた時間にしなければ、品揃えも出来ない。何しろ、系統共販の場合には、時間が決められ、それに対応できなければ出荷できない、という周りの農家の事情をよく知っていたために、バラバラに出荷されることを最初から認めた。一般的には、店舗の開店と共に品揃えが出来ていることが基本であるが、出荷時間を自由にすることは思わぬメリットも作り出した。例えば、高齢者等にとっては朝出荷し、自分のものが売れていることが確認出来れば、すぐ圃場に行って収穫し、また出荷するということが可能になった。このことは生産者が自主的に在庫チェックし品揃えをしてくれることになる。一般的な直売所の単なる委託販売方式であれば、売る段階（販売段階）に生産者が参加しないことになる。ところがいつでも出荷できると言うことは、自分の農作物がどのくらい売れているかをチェックするようになる。このようにすれば、一日に何回も店舗に来る生産者が多くなり、知らない間に自分たちの店舗

という連帯感が育った。この生産者の意識変化が最大のメリットである。

③委託手数料二〇％の論理――系統共販の場合には、取り扱い手数料は単協レベルから連合会レベルまで何段階かの手数料がカウントされ、生産部会費等も含めて取引コストとしてカウントしなければならない。その水準を考えると二〇％という委託販売手数料は決して高くない。グリーンファームに出荷している生産者の多くは、同時に農協の組合員というのが一般的だ。それにもかかわらず、この手数料二〇％の水準は、妥当な水準であると、生産者の会（登録生産者）が納得している。グリーンファーム側から見れば、かつて小林さんが書店経営を行う上で、経験した書籍の取り扱い手数料二〇％は経営する側から言えば必要最低水準であるという認識があった。多くの農協による農産物直売所等の委託販売の場合の手数料は一〇～一五％というのが多いが、その点からすれば若干高いというイメージはある。しかし、登録生産者に対する様々な「申し合せ・規程」等のオブリゲーションが少ないことを考えると決して高くない。

④代金決済は週一回――代金決済がどのようになされるかは、出荷者からすれば最大の関心事である。農協にすべてを管理されていた農民にとって、週に一回（土・日に）という決済は当初から歓迎された（水曜日締めの土・日払い）。このことは生産者を組織する上で重要なことであった。何しろ、農協の代金決済の場合には単協だけで精算できるシステムではない。卸売市場での代金決済、それを受けた単協、連合会等のステージを経なければ精算されない。それだけではない。購買、生活関連等まで含めて、農協は総合口座にしているために農民自らのものであるが自分のものでな

い、かなり制限されたものであることを考えると、週に一回の代金決済システムは自らの労働の成果を確認できる。このことの意味は極めて重要だ。この「代金決済週一回」という原則は、別の効果を生み出した。これも高齢者の生産者が異口同音に言うのは、金額の大小にかかわらず常に「現金」を持つことの意味は高いということだった。孫達への小遣い、自らの自由になる現金は、年金受給者であっても極めて重要だ。何人にも制限、管理されない自由を享受することが出来たという。また、この週一回の代金決済、それも土・日にしているのは別の意味もある。一般的な金融機関が土・日は休日であるにもかかわらず、土・日に支払うのは、土・日は兼業農家でもすぐ自らの労働の成果を確認できるという点で生産者にはメリットがあった。また土・日の精算に生産者が来店するときに、ついでに農産物を出荷してもらえる。土日は、直売所にとっては稼ぎ時であり、すぐ品薄を生じさせるために、それを克服ためには極めておもしろい手法である。実はそれだけではない。代金清算のついでに店の商品も買ってもらえるのだ

⑤取り決め・申し合わせ事項等は基本的に設けない――農家はある意味様々なルール、それも具体的なルールと表に出ない慣行としてのルールに縛られながら、生産もそして生活も行っているというのが一般的だ。生産の場合には農協、行政との関係も含めて様々なルールという取り決めなり申し合わせで制限されている。また生活も地域共同体のルールを暗黙のものとして受け入れて生活している。しかし、グリーンファームでは、例えば登録生産者で組織されている「生産者の会」も明確な組織原則があるわけではない。また「生産者の会」の総会は存在するが基本的には年一回で

あり、それもグリーンファーム主催の生産者への慰労会的なものでしかない。したがって、基本的には取り決め・申し合わせ事項は存在しない。この取り決め・申し合わせ事項のないことの意味は極めて大きい。

以上のようにグリーンファームの五つの原則を見てきた。一般的な農産物直売所等の組織の場合、どうしても運営上の原則が必要になる。例えば、ＪＡ「ファーマーズ・ショップ」を運営する上でも右に示したようなものを用意している。それなのにグリーンファームの僅かに設けてある原則は、「ルール」というよりも、参加の仕方の原則である。その点からすれば、実は自由という「ルール」づくりと観念して良い。

(3) 直売所「グリーンファーム」の生産者＝消費者

グリーンファームの生産者と消費者がどのようなものかを検討しておかなければならない。なお、私が二〇〇六年から直接にグリーンファームと付き合う中で、実施したアンケート調査と個別実態調査のデータを主に利用しながら、かかる一般的な直売所との「差異」を明らかにしておきたい。結論を先に述べておくと、実は生産者＝消費者、すなわち、生産者がそのまま消費者であるという関係性が成立していることだ。

表1　「生産者の会」の出荷額規模別分布

	実数	%
1000万円以上	3	0.3
500～1000万円	21	2.2
300～500万円	25	2.6
100～300万円	48	5.0
50～100万円	95	9.9
30～50万円	457	47.7
10～30万円	211	22.0
10万円以下	98	10.2
計	958	100.0

注：2008年1～12月までに出荷した958名である.

「生産者の会」登録者一七〇〇名の群像
――登録生産者の意識と行動

まず、「生産者の会」はどういうものかを見ておきたい。グリーンファームに出荷する場合には登録生産者として登録しなければならない。その登録はいたって簡単だ。住所、氏名、電話番号、出荷できる作目等を記入すれば、登録番号がもらえる。前述したように登録料も必要でない。登録生産者となれば、自動的に「生産者の会」に入会することになる。出荷するものが存在する者であれば、別に伊那市内でも周辺町村でもどこでも良い。

二〇〇九年一月現在一七一三名のうち、二〇〇八年一月～一二月までの一年間に出荷した人は九五八名で、全メンバーの五五・九％しか出荷していない。では、その九五八名がどのくらいの出荷額であるかを見ておきたい（表1参照）。一千万円以上の出荷者が出てきたのは二〇〇八年からであり、この五年間の出荷額規模別分布の傾向はあまり変化していない。それでも、一〇〇万円以上出荷する人が着実に増加しているのも現実だ。一〇〇万円以下の出荷者が全体の八九・九％を占め圧倒的に多い。出荷額の点からすれば圧倒的に少額の人によってグリーンファームは成立している。但し、注意を要するのは、彼らは農協の組合員でもあり、自らの生産する農産物等のすべてをグリーンファームに出しているわけではない。そのことがこうした出荷額規模別分布を作り出している。

この少額の出荷者をどのように評価するかは、意見が分けれるところであるが、否定的に捉える考えも多数存在する。しかし、それでは日本農業の再生に直接にはつながらない。私たちはこのことをポジティヴにとらえたい。何故ならば、それを担っている高齢者の場合、生き甲斐とともに経済的意味にもなっており、また農村女性の場合には経済的自立の一つになっているからだ。しかしながら、こうした経済的な自らの労働に対する価値実現水準のみが出荷者にもっとも重要なことではない。その傾向が強いのは、とりわけ高齢者に見られる。たとえ出荷するものが少なくても、可能な限り出荷することに意義を見出している場合が多い。何故ならば、グリーンファームに出かけることそれ自体に、意義を見出している人が多いからだ。彼・彼女たちにとってグリーンファームは、「憩いの場」であり、かつ「高齢者ネットワーク」のキー・ステーションの役割を果たしている。

「生産者の会」の多就業・稼得行動——世帯維持の家族戦略

では、二〇〇八年三月に「生産者の会」メンバー三〇戸を実態調査したデータをもとに、どのように農業に関わっているかを検討しておきたい。表2は、生産者の会の多就業・稼得構造を示したものである。

表2　「生産者の会」メンバーの多就業・稼得構造

		[父世代]		[世帯主世代]		[あとつぎ世代]	
		父(30)	母(30)	世帯主(30)	妻(30)	あとつぎ(10)	嫁(5)
農業生産	稲作	25	25	20	20	1	1
	養蚕	20	20	—	—	—	—
	りんご	5	5		—	—	—
	野菜	25	28	10	10	1	1
	畜産	2	2				
賃稼ぎ 余稼ぎ	炭焼き	5	—	—	—	—	—
	長期出稼ぎ	10	—	—	—	—	—
	短期出稼ぎ	12	—	—	—	—	
	農家日雇	10	15	—	3	—	—
	建設日雇	15	20	—	3	—	—
自営	農村納屋工場(下請)	3	3	2		— —	— —
パート勤務		—	15	—	15	—	—
恒常的賃労働		20	—	30	10	3	1
非正規雇用（派遣）			—	—	—	7	4

注：1. 表頭部分の（　）内は人数である．
2. 各項目の数字はそれぞれに就業した人を項目ごとにカウントしたものである．そのため合計は実際の人数と一致しない．
3. パートおよび恒常的賃労働・非正規雇用に関しては様々な職種が存在するため，個別の職種でのカウントはしていない．

戦前から、伊那市とその周辺は、片倉製糸、組合製糸関係と諏訪地域に展開した精密関係の工場等も存立していた関係で、比較的早くから兼業労働市場が開けていた。そのことを反映して、父親世代では農業をやる一方で、恒常的勤務を行った経験者が多い。しかし、恒常的勤務が増大するのは、日本農業一般と同じように一九七〇年代以降である。この中には、経営規模が極めて小さい層、とりわけ五〇アール未満層の場合には、名古屋、東京に長期出稼ぎを行うものが多かった。七〇年代以降は精密・電気関係の分工場が多数進出してきたため、長期出稼ぎは、その分工場への恒常的勤務にかわるようになる。その場合、母親達はほとんどが自家農業の稲作と養蚕を行っていた。こうした父世代の恒常的勤務者は七〇年代の終わりには定年を迎え、自家農業を完全に止めるのではなく、一部作業委託に出しながらも農業生産、とりわけ稲作には関わってきた。また養蚕から別の作目転換をリンゴにかけた農家も多い。そしてこの父親世代が中心になり、九四年のグリーンファーム開設以後は、積極的に農業生産に復帰するという農家もみられた。それだけではない。とりわけ、母親達が積極的にグリーンファームを利用するようになり、自らの自己実現を図っている。

世帯主世代の多くが新規学卒として農外就業をするようになるのは七〇年以後であった。精密・機械関係の分工場が彼らの主な就職先であった。彼らをめぐる雇用関係の中で特徴的なことは、八〇年代後半以後、それらの精密・機械関係の分工場は、海外、アジアへの進出をするところが多くなったことだ。そのために海外勤務経験者も多い。その配偶者である妻達も、海外への分工場の進出により、パート勤務が縮小され、農業をするようになった者もいる。

あとつぎ世代で特徴的なことは、それ以前には余りみられなかった非正規雇用、それも派遣労働者としての勤務者が極めて多いことである。二〇〇八年末には解雇されたものも出ている。

この表からは具体的には明示されていないが、各世代に共通していることは、一時的に「都市へ就職」をしても農村にUターンしてイエを継承していることだ（現在他出中のあとつぎも帰村は確実だという）。父世代は名古屋や東京への就職も存在した。世帯主世代の場合には同じように首都圏の中小企業への就業であったが、基本的には帰村して精密・機械関係の分工場に勤務している。あとつぎ世代も帰村している場合には中京圏および首都圏への一時就業であった。このように兼業三世代再生産構造が成立している。

すなわち、ここ伊那でも、農家世帯の多就業構造は農業・土地に規定されており、また反対に農業・土地との関わり方が農家世帯の多就業構造を規定するという相互規定関係が成立している。「いえ」としての稼得構造は、農業生産と非農業生産である兼業のどちらかに重きを置くというのではなく、その世帯の置かれている状況に、フレキシビリティに対応している。同時に、家族全員が何らかの仕事をするが、各人が最大限の生産性を上げるのではなく、かつその賃金に満足しているわけでもない。しかし、農家は世帯維持を家族戦略として選択している。

彼・彼女らは「利潤の極大化」を基本的な行動原理とするのではなく、むしろ家計維持、世帯維持のための行動原理であり、短期的に見れば採算性を無視する傾向があるが、長期的には経済的採算も視野にいれた行動をとる、極めてパースペクティヴな行動する農家・農民であることを示している。このことの認識が重要である。その点でグリーンファームはかかる農家・農民の行動原理を十分に認識した直売所であると言える。

グリーンファームへの出荷後の意識等の変化――つながりと共同性

ところで、「生産者の会」のメンバーが出荷する契機は何であるか、出荷するようになってからの変化、とりわけ意識等の変化について集計したものが表3である。

「生産者の会」の三〇戸の調査農家の構成は、出荷額が一〇〇～三〇〇万円規模の農家は八戸（二六・七％）、五〇～一〇〇万円規模の農家は一六戸（五三・三％）、三〇～五〇万円規模の農家は六戸（二〇・〇％）である。前掲の表2でみた「生産者の会」の出荷額規模別分布では五〇～一〇〇万円規模の農家は九・九％、一〇〇～三〇〇万円規模の農家は五％、三〇～五〇万円規模の農家四七・五％であり、これをアンケート調査した農家分布と比較すると、サンプルとしては偏っており、出荷者全体の意向を反映したものではない。しかし、基本的な意向を示しているので、出荷後の意識の変化に注目してみたい。

グリーンファームへの出荷の契機になったのは何かを聞くと、全体としては、多いのが「小遣い程度」、「一部を家計費に充足」、「頼まれて消極的に対応」であった。その出荷額規模別で見れば、一〇〇～三〇〇万円規模の農家では「主な収入源」「一部を家計費に充足」というのが多いが、規模が小さくなれば、「小遣い程度」と「頼まれて消極的対応」が多くなる。このことからもわかるように、彼等のグリーンファームとの最初の関係は、可能ならば「一部の家計費に充足」、「小遣い程度」等と極めてささやかなものであった。ところが、出荷後の意識は、「家族内のつながりが良くなった」二三・八％、「グリーンファームで仲間が出来た」二五・〇％と変化してきている。私たちが当初想定したことは、一般的に観念されている「健康になった」とか「生き甲斐になった」が多いと思っていたのに、「家族内のつながり」「仲間が出来た」が多いという結果は何を示しているのか。このことの認識が重要である。

兼業化等により農家家族という「いえ」の共同体も弱体・解体していたのに、グリーンファームが家族内のつながりをよくした。同時に、農村の生活と生産を前提にした共同体的関係が崩壊しつつあるなかで、グリーンファームという「仲間」、すなわちグリーンファーム的共同体を創ってきた。このことは、ある意味では、「つながり」による家族の復権であり、あたらしい「共同性」が創り出されつつあることを示している。さらに重要なことは、「競争する意識が出てきた」、「消費者の気持ちがわかった」ということも出ており、それはきわめて強固な関係性としての共同体ではなく、新しい「共同性」であり、「緩やかなネットワーク」によって形成されたものであることも

の意識等の変化

(＊2)			
グリーンファームで「仲間」が出来た	競争する意識が出た	消費者の気持ちがわかった	計
1	1	1	4
2	1	2	6
1	1		2
			2
1			2
			10
2			10
4	4	2	10
1			2
1	1		6
2			4
	1	1	2
1	1	1	4
2	1	2	16
4	2		18
6	4	2	16
2	1	1	6
15(25.0)	9(15.0)	6(10.0)	60(100.0)

もの.

表3　グリーンファームに出荷する契機とその後

出荷規模別	出荷の契機（*1）		意識等の変化 生き甲斐になった	健康になった	家族内の「つながり」が良くなった
100～300万	主な収入源	2			1
	一部を家計費に充足	3			1
8戸(26.7)	小遣い稼ぎ程度	1			
	頼まれて消極的に対応	1		1	1
	その他	1			1
50～100万	主な収入源	0			
	一部を家計費に充足	5	4	2	4
16戸(53.3)	小遣い稼ぎ程度	5	4	4	
	頼まれて消極的に対応	5			
	その他	1			1
30～50万	主な収入源	0			
	一部を家計費に充足	0			
6戸(20.0)	小遣い稼ぎ程度	3		1	3
	頼まれて消極的に対応	2			2
	その他	1			
全体	主な収入源	2			1
	一部を家計費に充足	8	4	2	5
30戸(100.0)	小遣い稼ぎ程度	9	4	5	3
	頼まれて消極的に対応	8		1	3
	その他	3			2
		計(30戸)	8(13.3)	8(13.3)	14(23.8)

注：*1は，「出荷の契機」については，主要なもの1つを選んでもらったもの．
*2は，出荷するようになって変化した意識について2つ選択してもらった
（　）内は%である．

示している。

(4) 直売所は地域再生の核になれるか

「直売所が地域再生の核になれるか」という設問に対して、答えは「NO」と言うしかない現状にある。何故ならば、農協等による大型直売所による場合、個別の農家・農業者に十分配慮した関係が果たして成立しているかどうかは極めて疑わしいからである。本節の最初に述べたように大分県大山農協が運営する「木の花ガルデン」でも実際に行われたのは、農家・農業者の「囲い込み」であった。このことはかつて農協が歩んで来た「農協共販」と同じ道であった。農協共販の出発点は、「小農の価値実現」運動であり、その共同性により、小農の自立に大きな役割を果たした。しかし、それは、一方では、「農協共販」を維持するために生産部会では、兼業農家や高齢農家を排除し、結果としては専業的農家、農業者のみを中心とするものに変貌してしまった。農協共販のアウトサイダーをなくすというものであった。そこに流れている論理は、大量生産・大量消費型に対応した品質管理——消費者、市場からの要請としての見栄えの良い均一性の追求という作られた考え——を維持するためというものであった。しかし、結果的には高齢化と出荷者選別政策により、農協共販自体は大きな反省が要請されることになった。農協共販から排除された高齢農家・兼業農家・農村女性のアウトサイダーによる対抗策であった直売所が注目されているが、現実には有名な「JAあいち知多」が運営している「げんきの郷 はなまる市」では、農家が農家をチェックするシステムをつくり、結果的にはそれに対応出来ない農家を多く輩出している現実もある。すなわち、「はなまる市」は販売する商品の「良質」「安定価格」を目指し、開店前に出荷組織役員が当番制で店頭商品の見回りを行い、良質な品揃えに努めている。検査内容は、品目ごとに決められたルールに基づき実施しており、そのことを否定するつもりはないが、結果としては専業的農家、農業者のみの直売所を作ることになっている。このことは、農協共販がいつか歩んできた道であり、アイロニーそのものである。

その点、私たちがみてきた「グリーンファーム」では農家間の無用な競争は存在しない。その結果、農協等の大型直売所が相手にしない、ある意味、限界的な農家、農業者に活路を見出しているところに重要なことが隠されている。直売所は、市場という危うさに対するアンチテーゼでの側面を大事にしないと本末転倒になってしまう可能性を孕んでいる。市場化という現実の中では、直売所自体も農協等の大型直売所のように結果として「一部少数者」のためのものになってしまう可能性を示唆している。直売所への過信はあってはならない。その点からすれば、直売所を地域再生の核にするには、グリーンファーム的な運営が重要であることを示している。しかし、直売所を核にする地域再生には、「地域内経済循環」が成立する「地域づくり」が必要であり、それは「地域内産業連関」に繋がるような行政の側面からの支援が必要である。(21) そのためにも、脱「構造政策」の「農村政策」をいかに確立していくかにかかっている。その意味からすれば、「グリーンファーム」の事例は、農家、農業者、行政そして農協だけではなく、地域の小経営様式の中小企業等も含めた、

「地域再生のビジネスモデル」を提示してくれたと考える。

4　農村地域における地域再生の主体——地域変革主体像

宮田村の農地の自主的管理、グリーンファームの直売所における地域再生の主体、地域づくりの主体とはどのようなものかについて十分に言及していなかったが、ここではそのことを若干考えておきたい。とりわけ、後者のグリーンファームの開設主体である小林史麿さんを中心にみておく。

ところで、「主体」という場合は「ヒト」だけを指すわけではない。こうした「主体」に対して「ヒト」にスポットを当てたのは、社会学概念の「キー・パーソン」論である。本稿での「主体」は「キー・パーソン」とした方がより的確に事実を捉えることが出来ると確信している。鶴見和子『内発的発展論の展開』[22]では「内発的発展の担い手としてのキー・パーソン」という使い方をしている。最初に使った哲学者市井三郎は「歴史における変革の担い手」としての「キー・パーソン」を、「一つの社会」「一つの地域のすぐれた伝統を再創造する人物」と規定している。但し、市井はその「人物」の「思想面」を重視しているのに対して、鶴見和子は中国における農民的企業家分析に適用し、「地域社会の小状況のなかでのより日常な変化の担い手」そして「地域の社会構造や技術の型（在来技術と先進・先端技術との関係）の伝統を再創造する人物」と再定義した。その場合、市井は「思想面」を重視したが、鶴見は「思想面」にこだわることを排除した。私は鶴見が排除した「思想面」を再び重視し、鶴見の再定義した「キー・パースン」概念を適用すれば、「主体」は、「キー・パースン」と同意語であると観念してよいと考える。

小林さんにスポットを当てるには、彼の簡単なプロフィールから出発しなければならない。グリーンファームは信州ではちょっと有名である。グリーンファーム自体よりも実はその開設者である小林史麿さんが夙に有名と言った方がよい。補助金ゼロで立ち上げ、二〇〇九年度からは税務対策から株式会社にしたが、それまでは個人経営で「見なし法人」のままの経営であったところに、一般的な直売所との違いがある。

小林さんは、一九四一年七月に伊那市横山地区の農家の七人兄弟の三男として生まれる。中学校を卒業し、一九五七年伊那市の隣の宮田村のY製作所の工場労働者となる。当時は日本経済も高度成長に突入し、労働運動も激しさを増していたが地方の工場労働者の権利は不十分な状況であった。そうした中で、小林さんはその正義感から労働運動を担う工場労働者として成長していく。その後、Y製作所労働組合執行委員、そしてその後、未組織労働者支援のための個人加盟の長野県機械金属単一労働組合専従を経験し、伊那市民主商工会専従役員となり、中小企業問題を中心に活動する。一九七四年三三歳で日本共産党公認の伊那市議会議員となる。二期八年の議員生活も党員も同時に辞めたのが、一九八三年であった。その後、奥さんの豊子さんが始めた幼児・児童書中心の小さな「コマ書店」を手伝いながら、地域の小・中学校等の教師達と児童書普及に一〇年程尽した。その後、出身地である伊那市横山地区の農家から、農協共販から外れた規格外農産物の販売出来る方法はないかという相談を受け、一九九四年四月二日に伊那市ますみヶ丘に「ますみヶ丘産地直売所」を開設した。

簡単にプロフィールを見たが、そこに浮かび上がるのは、小林さんの生き方のスタンスである。例えば、かつての共産党公認の伊那市議会議員の経歴は、小林さんの直売所の仕事にはプラスに働いたということはなく、むしろア・プリオリなレッテル張りが邪魔してしまう傾向があった。類推するに、ア・プリオリなステレオタイプのレッテル張りとの戦いは私たちにはなかなか理解出来ない。それでも小林さんが多くの人に信頼されているのは、一貫した「地域づくり」の主体として取り組みが正しく評価されたからであろう。

小林さんの一貫した生き方のスタンスは、決して「中心」にいることなく、「周辺」で働き生きる人達との「協働」によって、地域社会を変革していくという姿勢である。同時に述べておかなければならないのは、「地域」がまた小林さんを育てたということである。小林さんが独りよがりの地域の合意をえない手法の地域づくり、地域との関わりであれば、すぐさま、地域の住民の反感を買うことになる。一つだけ言えることは、小林さんの出身地である伊那市横山地区、そして伊那市は戦前から一戸あたりの経営耕地面積が少ないことから、農民運動の歴史が存在し、同時に戦前からの組合製糸工場等を中心とした工場地域でもあることから労働運動の歴史が分厚く存在する。こうした歴史的な社会風土が、小林さんを育てたとも言える。

とりわけ重要なことは次の点である。小林さんが単なる農家の農民であれば、ここまでの信頼を得たかどうかは疑わしい。農家の三男であるが、工場労働者であり、また労働組合専従役員、そして民商の専従役員、共産党の市議会議員、そして本屋という様々な異業種を経験したこと、そしてその経験が地域の農家の希望を入れた農産物直売所を成功裡にもたらしたと考える。

小林さんの簡単なプロフィールからも明らかなように、最初に就職する一九五七年、工場労働者になってから「社会運動」へ目覚め、その後の労働組合専従役員、民商専従役員、それを継承する一九七四年の共産党所属の伊那市議会議員は「社会運動」時期と言える。しかし、党を除名され議員を辞める一九八三年が、「運動」から「地域づくり」時期への転換点である。この一九八三年以後が小林さんの本領発揮ということになる。とりわけ、労働組合専従役員、民商専従役員、市議会議員の時期は、ある意味「職業的社会運動家」と言っても良い。ところが、一九八三年以後は順風満帆な生活ではなかった。しかし、ここから地域に根を張った本格的な実践的「地域」づくりの主体、地域変革主体として活躍していく。まず、「コマ書店」を中心とした児童書専門書店として地域の教育との関わり、そして一九九四年以後の「グリーンファーム」での歴史は前述したごとくである。

こうした小林さんを地域変革主体像として位置づける場合に、参考になるのは従来の「労働の社会化論」的アプローチ[23]ではなく、いわば民俗学・文化人類学の領域である「生業」論[24]の視点が示唆的である。また、エドワード・サイードが述べる「在野の知識人[25]」そして網野善彦がいう漂流民＝流民がもたらす文化や技術等が地域の「生業」を変化させ、かつ「複合生業」が定住する常民＝農民の家族形成や家族世帯維持の稼得・多就業構造を形成した。すなわち、農家（＝常民）出身であるが、労働省（＝流民）となり、その「在野の知識人」と漂流民としての小林さんが直売所という文化や技術等をもたらし、そのことにより地域を変化させてきている。したがって、農村における地域変革主体とは、いわば農業外の分野の人の農業内への内部化による、「非農業民」[26]の「農業民」化による定着化、常民化の過程で生まれるのかも知れない。農業内の生産力主体＝担い手・地域変革主体という従来のステレオタイプの理解では、農村解体、六五歳以上が住民の半数以上を占める限界集落の増大の集落消滅の現段階において「展望」を見出すことは出来ない。但し、重要なことは、農業外部の「経営者能力」のある人でなければならないが、それは、あくまでも非農業民の農業民化した人でなければならない。

小林さんという「キー・パースン」にあえて主体像を投影してみたが、宮田村、飯島町の「農地の自主的管理」の事例では十分に言及していない重要なことがある。それは、地域における労働者がどのくらいの量的質的な構成——一般的には階層・階級構成といわれる範疇のもの——になっているかにかかっていることだ。長野県上伊那地区は、戦前からの農村工業化地域であり、そのことは、戦前の職工農家という在宅型の兼業農家を多く輩出し、戦後はその延長線上に在宅型兼業農家を創出してきた。このことの持つ意味は極めて大きい。すなわち、賃労働兼業農民は、地域の工場・事業所に「労働者」として就職する。そのことにより、従来の農村内部では経験できないこと、「仕事」「労働」とは何かを漸次知ることになる。同時に、彼等は労働組合による労働運動を経験する。このことが、宮田村そして飯島町の「農地の自主的管理」を貫徹させることが出来た。なぜならば、労働運動の経験者そして工場・事業所での管理能力を磨かれた賃労働兼業農民が、実際の制度設計に関わっているために、絶妙な均衡＝バランスのある地代管理＝所得管理を作り出すことが出来た。賃労働兼業という非農民化が均衡状態を作り出す論理を創造した。但し、圧倒的多数の兼業農家の意向だけではなく、農村の論理との関係で作り出していることは重要なことだ。

5　あたらしい「互酬と共同性」を求めて

より具体的な事例をもとに地域再生に呻吟している状況をみてきた。共通していることは、本稿の最初に述べたごとく、従来の「古い共同性」としての共同体ではなく、それとは違う「あたらしい共同性」をもとに成立していることだ。では、その「あたらしい共同性」の具体的な内容は何かを明らかにし、若干の総括と展望にかえたい。

「古い共同性」から「あたらしい共同性」へ

農村地域、農山村地域における地域再生を模索している地域に共通しているのは、単なるかつての「古い共同性」＝共同体とは違った「あたらしい共同性」が作用していると思われる。周知のように「古い共同性」、すなわち「むら」は、形式平等性と位階階層という相矛盾した関係性の中で絶妙な均衡で成立していた。このことについては再論を要しないが[27]、その「むら」は生活共同体として代々継承され、世代を超えた相互扶助をする世代間の縦の共同体でもある。そして、生産共同体としては、分散錯圃制の農地所有・保有のために、水利用もむら単位で行わなければならず、そのために「むら」の農地という意識が存在し、「むら」での農地利用調整が行われた。しかし、兼業化による「いえ」の変貌により、直系家族制は崩壊しつつあり、世代単位での生活が強くなった。確かに「いえ」は変化し、「むら」も変貌した。しかしながら、前述したように農政は常に危機の時代には、この「むら」を利用してきた。すなわち、一九三二年産業組合法改正による農事実行組合の法人化、一九三三年農村負債整理組合法、一九四二年食糧管理法における部落責任供出制度、一九四五年農地改革（部落代表者が農地委員会に参加）、一九七〇年稲作減反割当（戸別への割当であるが実質的には集落割当）、一九八〇年農用地利用増進法（「むら・集落」を農用地利用改善団体と位置づける）、二〇〇〇年中山間地域等直接支払制度（集落協定）等の経過でも明らかである。

しかし、注意を要するのは、この「むら」を利用する場合に変化があらわれていることだ。例えば、一九八〇年農用地利用増進法では、兼業農家を無理矢理に自己選別させ、専業農家への協力するという関係をつくり、構造政策を進めた。しかし、その後、二〇〇〇年中山間地域等直接支払制度（集落協定）ではむしろ、専業農家が兼業農家の犠牲になる形で「むら」を利用してきた。「むら」利用の質的転換である。すなわち、明らかに「あたらしい共同性」の模索が始まっているのである。もうすでにこの段階で、「形式的平等性」と「位階階層」による「古い共同性」は十全な機能を呈することは出来なくなったのである。

あたらしい「互酬と共同性」を求めて

但し、農業・農村解体、地域の崩壊に対する地域再生の動きは、決して「古い共同性」を完全に否定しているわけではない。むしろ、その「古い共同性」の遺産を残しながら、まさに否定の否定の部分否定から「あたらしい共同性」を模索している。

宮田村は、上からの構造政策に対して全面否定することなく、部分否定により、真の意味での「農地の自主的管理」を貫徹した。「むら」＝集落等に存在する「平等性」をもとに、土地利用調整を実施した。それは集団耕作組合＝営農組合＝地区の農地利用委員会で、集落内で貸しに出る農地に対して貸し手を捜す。しかし、ある意味、引き受けることの可能な農家に無理やりに借りてもらうというのが現実である。同時に農作業受委託関係は営農組合でオペレーターや補助者として出役し処理している。そこに存在するのは、構造政策手法の、大規模経営への農地集積というものではなく、そのために耕作放棄地は存在していない。同時に、「地代管理」として成立した「共助制度」は転作奨励金と一緒にして、委託者には稲作所得の八割補償とし、受託者と転作自作者には一律補償するシステムをつくり、「地代管理」というよりも「所得管理」（分配）を実施した。ここには形式的平等性が貫徹した。当初の所得補償的な転作奨励金が減少しても、様々な交付金を一括受領して、貸し手にも借り手にも双方に所得が補償されるシステムを維持してきている。これは、いわゆる互酬といわれる、相互に依存し利益を得る原理の側面が強い。この状況は、単なる「古い共同性」としての「むら」の論理で成立したわけではない。「古い共同性」の側面を残しながらも「あたらしい共同性」を模索した結果である。そうでなければ、農地法違反と言われながら、宮田方式を作ることは出来なかったし、ある意味、構造政策の「上」からの指示に従わなかったために、耕作放棄地を出さないでここまで推移している。実際に構造政策の優等生の地域でも耕作放棄地に悩んでいるのが現実であることを考えると極めて意義深いものである。

ではここでの「あたらしい共同性」とは何かである。集落＝むらを前提に成立しているが、その「むら」で解決出来ないことを宮田村全体で調整する「農用地利用委員会」を、地域の工場・事業所の労働者、役員等である兼業農家が多数参加することにより成立していることに、「あたらしい共同性」の萌芽を発見した。この「農用地利用委員会」は、制度としての「農用地利用改善団体」のような農業者に特化したしたものではないところにポイントがある。但し、「農用地利用改善団体」は、貸し手と借り手による構成になっているが、現実には貸し手よりも借り手＝規模拡大農家の意見が強くなっている現実が存在する。宮田村では借り手と貸し手の隔絶的な経営規模の差は存在しないし、ともに兼業農家である。それは兼業農家という農業内部もそして農業外部の生活世界を知っているものが、農業内の論理や農業外の論理を一方的に代弁することなく議論し決定しているところに強みがある。農業・農村解体の中で農地所有構造の空洞化が進み、所有それ自体が敵対物として存在するようになった中で、あたらしいステージでの土地の所有と利用に関する「あたらしい共同性」として理解してもよい。ややデフォルメしていえば、地域における農業者と勤労者による土地利用管理調整主体と言えるものである。

直売所「グリーンファーム」は、明確に「あたらしい共同性」を模索したものであることは多言を要しない。それは従来の農協組織である生産部会によるものではなく、むしろそこから選別・排除されたアウトサイダーである小規模・高齢・兼業の限界層を中心に成立している。そして彼等は、グリーンファームの規則も規程もない、縛りのない自由な中で、「あたらしい共同性」のもとに生業と営為をおこなっている。そして、かれらは現代社会における「つながり」の希薄さの中で、あえて「つながり」を求めたものである[28]。そして、それは、小林史麿という、いわば農業外の分野の人の農業内への内部化による、「非農業民」の「農業民」化による定着化、常民化の過程で生まれたものである。

現実の農家世帯の場合、現役の賃労働兼業労働者以外、とりわけ高齢老人および女性等は「いえ」の中でも孤立的になり、人とのつながりが希薄化する傾向が強くなっている。「いえ」の農業生産に関わって言えば、専業農家を中心に運営される農協の生産部会等に参加しても、むしろ「規約・申し合わせ事項」と農産物の「規格基準」に対応出来る生産力水準を備えていない場合が多いために、「マージナル」的な孤立的な存在になる場合が多い。ところが直売所へ出荷の場合には、農協の生産部会のような厳密な「規約・申し合わせ事項」が少なく、且つ厳格な農産物の「規格基準」を設けていないために、農協の生産部会での「マージナル」な存在から、直売所での「主要な担い手」になる場合が多い。

また、当初、直売所への出荷については「いえ」でも、「無理しないでゆっくり生活したら」と言われ続けていたにもかかわらず、次第に家族の理解が得られるようになると、家族内でも協力体制が成立するようになる。人間は、社会的にもそして「いえ」でも必要な存在して認識されれば、人間が持っている「本性」、ヒューマニティを回復することが可能になる。この「いえ」での「孤立」と「農協の生産部会」から「孤立」した存在から、直売所という「コミュニティ」は二重の「孤立」を解放することになる。このことは、あたらしい「互酬と共同性」を求める関係性であると規定しても良い。コミュニティ＝共同体の基本問題は個人の自由を抑圧するもの――それは閉鎖性と同一性による抑圧――と、一般的には観念されていたが、実は、開放性と異質性の個人の自由を前提にしたコミュニティ＝共同体としての直売所が生まれつつあるのではないかと考えている。それはあくまでも、あたらしい「互酬と共同性」という「緩やかな」ものである。

そして、この二つの事例に共通しているのは、農業内部から自ら成立したものではなく、むしろ、農業外からの作用が生み出したところに大きな特徴がある。多くの農村地域における地域再生に成功しているのは、もともとある農業内部の「古い共同性」を農業外からプッシュすることにより弛緩し、新しい編成論理による「新しい共同性」として再創造され生まれている。しかし、それは企業誘致でも、農業への資本参入でもないことは確認しておかなければならない。こうした状況はある意味、農村が、「よそもの」を忌避する余裕もなくなったという意味では極めて深刻な事態なのかもしれない。右上がりの経済成長が望めない現代社会＝定常社会での農村地域における真の意味での地域再生とは何か、問い続けなければならない課題である。

注

（1）大野晃『山村環境社会学序説』農文協、二〇〇五年。
（2）「限界集落」概念は、農山村に対する先の大野晃氏が高知県の実態把握の中で、ネーミングした学術的用語であるが、ある意味指標が単純なために一般化した側面も強く、もう少し詳細な概念規定が必要かも知れない。同時に、都市における団地においては、限界集落以上の深刻な問題を起こしているので、それは農村、農山村にかかわるものではなく、日本の都市と農村のすべての地域に共通する問題になっている。
（3）周知のように、いわゆる新古典派経済学による市場原理主義、つまり市場がすべての采配を振るという考え方が終焉を迎え、市場化は本来、市場化してはいけないものまで市場化し、様々な矛盾を生み出しているので、それにかかわる共同体としての新しい共同性、あたらしいコミュニティが新しい概念として提起されている。広井良典『コミュニティを問い直す――つながり・都市・日本社会の未来』ちくま新書、二〇〇九年、及び小田切徳美『農山村再生』岩波ブックレット、二〇〇九年。とりわけ、後者は具体的な農山村再生の事例を紹介している。
（4）本間義人『地域再生の条件』岩波新書、二〇〇七年。
（5）この構造改善局への組織再編については、一言述べておかなければならない。なお、この構造改善局から経営局に冠を変えようと、その基本的な論理は強固な大規模経営体育成という意味ではその本質は変わらない。のちに明らかにするが、農政当局が、いかに「むら」を位置づけたかは、「あたらしい共同性」を提起している本稿のもう一つの視角にも関連する。玉真之介「戦後農政の展開とむら」日本村落研究学会編・鳥越皓之責任編集『むらの社会を研究する』農文協、二〇〇七年。

(6) 本間義人『土木国家の思想』日本経済評論社、一九九六年、同『国土計画の思想』日本経済評論社、一九九二年等を当面参照にすればよい。

(7) 資本主義は市場化を基本的な命題として進めるが、その資本主義的農政の危機に際して、その市場化の限界を如実に示す地域的な基礎単位である「むら」を取り込まなければならないというのは、日本農業の歴史的な宿命である。一九三二年産業組合法改正による農事実行組合の法人化、一九三三年農村負債整理組合法、一九四二年食糧管理法における部落責任供出制度、一九四五年農地改革(部落代表者が農地委員会に参加)、一九七〇年稲作減反割当(戸別への割当であるが実質的には集落割当)、一九八〇年農用地利用増進法(「むら・集落」を農用地利用改善団体と位置づける)、二〇〇〇年中山間地域等直接支払制度(集落協定)等でも明らかである。磯辺俊彦『共の思想――農業問題再考』日本経済評論社、二〇〇〇年、同「日本農法変革への基本論理――家族制農業と「むら」」日本農業法学会『農業・農村の担い手像と家族農業経営の展望』(『農業法研究40』)、農文協、二〇〇五年。

(8) 一九八五年以降の世界的な農業調整過程との関係で、「資本と土地所有」を整理したつぎのものを参照のこと。拙稿「東北アジアの経済発展と農業・農村の構造変動」(上)(下)、『経済』二〇〇六年一月号、二月号、新日本出版社、二〇〇六年。

(9) 東畑は自ら著書は著していないが、彼が書いた短文、講演会記録等を編集した次の書がある。『東畑四郎・人と業績』東畑四郎記念事業実行委員会(非売品)、一九八一年。東畑自身の論考もさることながら、「第三部四郎さんを偲ぶ」および「座談会・四郎さんを偲ぶ」(司会=川野重任、徳安健太郎、團野信夫、大和田啓氣、斉藤誠、中野和仁、池田斉の各氏の座談会)は、農地政策、構造政策に対する東畑四郎の思想がよく示されている。

(10) 今村奈良臣「農地の集団的管理」『農用地の集団的利用』農政調査委員会、一九八一年。なお、同書に収められている関谷俊作「農用地利用増進事業の生まれるまで」が、農用地利用増進法それ自体の基本理念は「農地の自主的管理」であると明言している。また、今村の農地政策に対する一九八三年段階の認識については今村奈良臣『現代農地政策論』東京大学出版会、一九八三年を参照されたい。とりわけ、それまでの農地法的な「自作農主義」に対して「借地主義」をいかに進めなければならないかを述べており、重要な本となっている。

(11) 庄司俊作『日本農地改革史研究』御茶の水書房、一九九九年。なお、同書の第七章「『最後の農林官僚』東畑四郎と日本農業の戦前と戦後」で、前掲の『東畑四郎・人と業績』をもとに検討している。とりわけ、従来の研究方法とは違う、一官僚から日本農業の戦前と戦後を検討している。

(12) 前掲の『東畑四郎・人と業績』所収の『農地保有合理化促進パンフレット・シリーズ』Ⅷ、全国農地保有合理化協会、一九七七年三月。

(13) 『定本柳田国男集』(第一六巻)、筑摩書房、一九六二年所収。

(14) 前掲の磯辺俊彦「日本農法変革への基本論理――家族制農業と「むら」」を参照のこと。ところで、この「農地の自主的管理」という言説は、古い共同性の共同体としての「むら」ではなく、あたらしい共同性としての「むら」と想定可能かも知れないと私は解釈している。

(15) 担い手が育っていないという評価が存在するが、新しい担い手が形成されつつあると言える状況も生まれる。壮年連盟が実際の担い手になっている地区(=集落)が七つの地区のうちで五つも存在している。この壮年連盟は水田面積の六%を借地している。この壮年連盟以外にも任意の組織が存在し、その部分も入れると一〇%水準にもなっている。宮田方式を前提にした「新しい任意組織」が形成されている。今後、この宮田方式をこうした任期組織を含めて多様な担い手としてどのように育成していくかが課題となっている

(16) 野田が示した長期的な歴史的パースペクティブで、構造政策適合的な地域と構造政策不適合地域という視点は、とりわけ重要である。野田公夫「世界農業類型と日本農業」季刊『「あっと」at』太田出版、二〇〇六年。

(17) 野見山敏雄氏の指摘は極めて重要である。『月刊　野菜情報』二〇〇八年六月号、農畜産業振興機構。

(18) 私が心配していたことが象徴的な問題として出てきた。全国的にも有名な直売所である大分大山町農協が展開している「木の花ガルデン」が出荷登録者は、日田市内の「日田天領水の里元氣の駅」に出荷しないように し、もし「日田天領水の里元氣の駅」に出荷すればペナルティを課していた。平成二一年一二月一〇日付で、

公正取引委員会は、大分県大山町農協に対して「排除処置命令」をおこなった。「独占禁止法」第一九条（不公正な取引方法第一三項［拘束条件取引］に該当）の規定に違反した行為という判断を下したのである。このことは象徴的なことであるが、実態としては多くの大規模化した直売所では一般行為として行われている。

(19) 簡単に説明しておけば、直売所の歴史を紐解けば、農協共販から排除された農家を中心にはじめられたものが、今度は農協の方針転換により、農協事業の一つとして位置づけられ、全国の多くの農協で直売所が展開することになったことを、私は「制度としての直売所」と呼んでいる。詳細には後述するので明らかになるが、次の拙著も合わせて参考にしてもらいたい。加藤光一『雇用と地域を創る直売所』農文協、二〇一〇年近刊予定。なお、本稿も拙著と多くが重複する内容となっていることを記しておく。

(20) この二〇〇三年一〇月制定のＪＡ「ファーマーズ・マーケット憲章」は、よく練られた憲章である。しかし、この憲章を掲げなければならなかった「制度としての農産物直売所」（農協運営による農産物直売所）については、加藤光一『雇用と地域を創る直売所』農文協、二〇一〇年近刊予定を参照してもらいたい。

(21) 岡田知弘『地域づくりの経済学入門――地域内再投資力論』自治体研究社、二〇〇五年。

(22) 鶴見和子『内発的発展論の展開』筑摩書房、一九九六年。

(23) 変革主体論に関して「労働の社会化」論から位置づける議論はかつて多数存在した。しかし、それはあくまでも労働者を主体にした文献訓詁学的域を出るものでしかなかった。今問われているのは具体的な実態の中から提起することである。

(24) 安室知「日本稲作の複合生業」赤坂・中村・原田・三浦編『さまざまな生業』岩波書店、二〇〇二年。

(25) この「知識人」と「漂流民」は、現代的に拡大解釈すれば、サイードに繋がるものがある。「故郷喪失exileの思想、境界borderにあって、中心にあるもの、権力をもつものへの批判」をしつづけたエドワード・サイードが『知識人とは何か』平凡社（原著：Edward W. Said “Representations of the Intellectual” Vintage 1996）の中で述べている知識人の役割は、ある意味では在野の知識人としての「人間・小林史麿」の姿ではないかと考える。すなわち「知識人とは亡命者にして周辺的存在であり、またアマチュアであり、さらには権力に対して真実を語ろうとする言葉の使い手である」。

(26) 網野善彦の一連の著作は現在、『網野善彦著作集』として岩波書店から刊行。なお、網野歴史学への特集が様々な雑誌で展開されている。例えば『大航海』二〇〇八年、NO.65（新書館）等は特集を組んでいる。とりわけ次のものを参照していただきたい。網野善彦『日本中世の民衆像』岩波新書、一九八〇年、同『日本中世の非農民と天皇』岩波書店、一九八四年、同『日本社会の歴史（上・中・下）』岩波書店、一九九七年。

(27) この古い共同性に関わっては、拙稿「むら・いえ・土地のトポロジー」深尾清造編『流域林業の到達点と展開方向』九州大学出版会、一九九九年を参照してもらいたい。なお、日本の自治村落の提唱者である斉藤仁に対する批判に対して反論を述べている次の論文が参考になる。斉藤仁「日本の村落とその市場対応機能組織」大鎌邦雄編『日本とアジアの農業集落――組織と機能』清文堂、二〇〇九年。

(28) 現代日本社会は人と人とのつながりが希薄になり、人と人の間の孤立度が極限まで高まっており、国際的にみても「社会的孤立」が最も高い国である。やや強引であるが、直売所に対する関心、それは農村からも、そして都市からも、人のつながりの一つとして「コミュニティ」＝共同体をもとめる行為、関係性と位置づけることが出来る。

第三章　地域の支え合いから「福祉まちづくり」へ

――地方分権を活かした新たな取り組み

木下　聖

新市合併１周年記念の催し（恵那市提供）

1　地域における福祉（支え合い）の状況

(1)　地域における生活の姿

今世紀に入って、わが国の地方分権は進行した。二〇〇〇年地方分権一括法の制定に基づき、国の機関委任事務が廃止され市町村の自治事務が拡大された。この市町村への分権の受け皿整備を目的に、全国に市町村合併が推進された。この結果、都市よりも地方を中心に、これまでの行財政の構造が大きく変わり、行政サービスも再編されるなど地域社会はこれまでにない変化に見舞われた。

福祉の分野も、この時期大きな転換期を迎えていた。一九八〇年代後半から、市町村をサービス提供の中心にするための法制度見直しが相次いで行われ、二〇〇〇年にはその根幹である社会福祉法が改めて制定された。サービス利用制度が利用者主体へと転換されるとともに、地域福祉の推進が法律上明確にされ、福祉サービスの市町村中心化が進められた。また同じ年、介護保険制度が始まり、民間事業者の福祉サービスへの市場参入が促進された。福祉サービスも民間による競争の時代に入った。このような変化を受けて、地域社会の福祉（支え合い）も大きな影響を被るに至った。

地域における生活の姿は、こうした社会経済の変化、法制度やサービスの変化などを受けて、今どのような状況にあるのだろうか。

①都市部の状況

都市部の地方紙を中心に近年数多く報道されるのは、独り暮らし高齢者の孤独死の問題である。例えば、次のような報道記事がある。

「高齢者名簿、民生委員へ『孤独死予防を最優先』北九州市、方針を転換」

生活保護に絡む五〇～六〇代の孤独死が相次いだ事態を受けて、北九州市は民生委員に対して、これまで出し渋っていた高齢者の個人情報を提供する。どこにどんなお年寄りがいるか知らされないのに、孤独死が起きると批判されがちな民生委員の求めに応えた。

市が提供する個人情報は、六五歳以上の高齢者の住所、氏名、生年月日、性別。区役所を通じて担当地区の名簿を渡し、見回り活動の参考にしてもらう。民生委員は、厚生労働大臣から委嘱される地域の福祉の相談役。〇五年の個人情報保護法施行で行政から情報を得るのが難しくなっていた。市が前年に行った全民生委員対象のアンケート調査では、過去一年間で「誰にもみとられずに亡くなり死の翌日以降発見」された孤独死は二三一件に上った。行政との連携で難しい点では「必要な情報を提供してくれない」が三五％で最も多かった。

市は今回、民生委員は特別職の地方公務員で守秘義務が課せられており、情報提供によってその活動が助けられると判断し、方針転換に踏み切った。「民生委員が地域の社会的弱者の存在を知ることは意義があり、市民のためになる」ことが主な理由だ。

高齢者の個人情報を民生委員に提供するかどうか。対応は自治体によってバラバラだ。全国一七の政令指定都市では、〇八年三月現在、一二市が名簿などの形で提供している。提供していない五市は、個人情報の保護などを理由に上げている。

（一部略）

（朝日新聞北九州版二〇〇八・三・一二）


都市部での孤独死の増加は、そもそも都市に独り暮らし高齢者が多いことに要因がある。都市部では、核家族化、高齢化、生活スタイルの多様化が進むなか、独居高齢者の居住の割合が高くなっている。こうした独居高齢者はその多くが孤立した状態におかれている。独居高齢者の生活上の不安や課題は、健康問題を中心に、話し相手がいないこと、緊急時どうなるか不安なことなどがあり、そこに何らかの社会的支援を必要としている。このような環境下での孤独死の増加は、緊急時に連絡を取れる人がいない、また普段訪れる人がいない、閉じこもって誰とも交流しないなどがその原因として指摘される。普段から連絡が取れていれば、こうした孤独死の多くは未然に防ぐことが可能なはずである。地域のなかに支え手がいないこと、つまり地域の支え合いが不足していることが根本的な問題といえよう。

地域での近隣の目が行き届く、また支援の手が何らかの形で差し伸べられていれば、こうした状況は改善される。しかし現実にはそうはなっていない。地域の人々の間では、プライバシーを理由にお互いの生活を覗かないことが暗黙のルールになっている。自分以外の他人の生活に無関心なことが当たり前にすらなっている。その延長として地域のつながりの希薄化が進み、地域での支え合いがうまく機能しない状況に陥っている。

そこで期待されるのが地域の相談役・見守り役としての民生委員の活動である。民生委員は、地域の独居高齢者を見つけて把握し、訪問することで安否確認を行い、生活上の相談さらに行政の支援へつなげることを役割としている。しかし、これが記事にみるように、近年プライバシーの保護が壁になってうまく機能していない。さらに、独居の状態であることを把握している行政が、個人情報保護を理由にその居場所の情報を充分に提供しない。政令指定都市の場合でさえその対応の足並みが揃っていないのが実情である。安全に安心に暮らすための地域のセーフティネットは、多くの地域でほころび始めている。

こうした状況に対して、地域の住民は座して何もしないわけではない。自ら動き始めている。

「隣人の孤独死を防げ　大成公住町内会　見守り体制強化」

なくせ孤独死。地域から高齢者を孤立させないため、積極的な声かけに地域が立ち上がった。大成公住町内会では、今年度から、住民が分担して月一回、単身の高齢者世帯を訪問する活動を開始。安否確認の他、いざという時に気軽に助け合いの声かけができる雰囲気づくりもねらう。地域主体のきずな再生による安心のまちづくりだ。

同町内会は、「孤独死と生きる」事業と名づけて、地域の女性に協力を呼びかけ、五月一二人の協力員が六班体制で訪問活動を開始した。月一回のペースで福祉部会を開き、協力員と町内会役員が意見交換する場を設けている。市内の孤独死の実態について、市は調査記録がなく詳細をつかんでいない。同町内会が地域住民の情報を基に把握しているだけで、自然死で死後一〇時間以上を経過して発見されたケースは、地区内で過去七~八年間で約五人に上っている。市内の高齢者の単身世帯は増加傾向にあり、昨年度は五千人を突破。大成地区はこの割合が高い地区で、今後孤独死の増加も懸念される。活動を始めて数ヶ月が過ぎ、顔見知りの関係が確実に広がっている。(一部略)

(苫小牧民報二〇〇八・八・七)

地域の身近な住民組織は町内会・自治会である。町内会・自治会は、住民間の親睦や相互扶助、防災・防犯などの役割を果たしている。相互扶助はまさしく〝支え合い〟であり、町内会等は地域の底辺の支え合いを担う組織として日頃活動してきている。この記事にみるような独居高齢者の安否確認(見守り)の活動も、その延長線上の活動として取り組まれている。地域内の独居高齢者が増える、孤独死が発生している、これは自分たちの将来の問題でもある何とかしなければ、という生活の必要に迫られる形でこの活動は取り組まれている。こうした活動は、孤独死という生命に係る重大な事態を未然に守り合うという、生活の根底部分からのニーズに基づいた相互扶助(支え合い)の活動に他ならない。

しかし、こうした見守りの取り組みも、住民間で必要度ややる気などの条件が整わなければなかなか維持するのはむずかしい。また地域の高齢化が進むと、その見守りの担い手自身が高齢化する。これに加えて、町内会等への加入率は全国的にも低下してきている。若い層を中心に町内会離れが進んでいる。地方都市も例外ではない。このままでは見守りの担い手は減少し補充されるような状況にない。こうした町内会・自治会の地域の身近な、かつ底辺の支え合いも既に磐石な状態にあるとはとても言えない。

こうした状況を危惧して、孤独死の防止へ向けて訪問活動などを金銭的にも補助して構築しようという自治体が出てきている。例えば、横浜市は高齢者の孤独死を地域の見守りによって防ぐため、地区を選定して自治会やNPO法人などが行う訪問活動、高齢者が気軽に立ち寄れる居場所づくりの支援を始めている。(1) こうした支援の背景には、政令指定都市など大都市の方が、地方都市に比べて対象となる独居高齢者数が多く、また地域の支え合いがかなりの程度低下しており、その自主的な対応がむずかしいという実態がある。行政が支援してセーフティネットを構築するまでに、都市部の自発的な支え合いは低下しているのである。

②農村部（中山間地）の状況

それでは、都市と比較して農村の地域での支え合いはうまくいっているのだろうか。農村部では二〇〇〇年代前半市町村合併が全国的に進行した。なかでも、過疎と高齢化の著しい中山間地域は、この合併の波に否応なくのみ込まれた。高齢化と人口減少、さらに合併による地域の変貌の下にあって、中山間地での地域の支え合いは今や都市部以上に深刻な状況にある。

高齢化率が高く過疎の状態にある中山間地は、都市部と異なり集落が点在している。道路や交通網も充分整っていない。このため、民間の福祉サービスは、車での移動による時間費用やガソリン代等の点で採算が合わずほとんど参入しない。また、これに代わる担い手として期待されるボランティアやNPOの活動も、人材や機会、活用資源が乏しいことからなかなか定着しない。このため行政や社会福祉協議会がサービス提供の唯一の担い手という市町村が少なくない。そこで、行政等のサービス機能を補完するものとして、地域での支え合いへの期待が高まっている。しかし地域の実情はそう簡単ではない。中山間地の多くは人口減少と著しい高齢化のなかで、この支え合いを担う担い手自体に不足を生じてきている。この担い手の人材が先細ることで、地域力そのものが低下してしまっている。そこで、こうした地域では、もう一度足元から地域を見直すことから始めて、新たな支え合いの仕組みづくりに取り組む事例がみられる。市町村（行政）が地域に働きかけることで、独居高齢者や高齢者世帯を対象に、その居場所を把握する支え合いマップ作りや、集会所や公民館を活用した交流サロンなどを中心とする集いの場づくりなど様々な取り組みがなされている。

こうした背景には合併自治体の厳しい財政事情がある。そもそも合併は、その多くの自治体で、地方分権の実効を高めるための受け皿整備（行財政基盤の確立）ではなく、将来を見通した財政の窮乏化をその直接の要因として実行されている。高齢化と人口減少の進行による将来の歳入縮小への懸念が動機にある。また、合併自治体では、合併特例法に基づき一〇年間は地方交付税等による財政補塡が旧市町村時代の規模でそのまま保障される。しかし、特例期間の切れた後は、合併後の人口規模に合わせた財政運営を強いられる。また合併特例債の償還も始まる。この事態に備えて、合併自治体では、旧役所の統廃合に合わせて職員を削減・移動し、予算の投資的経費の減額が進行中である。行政サービスは、旧町村時代の独自なものは廃止・縮減、また合併した町村間での公平なバランスを考えて様々に変更される。このことが多くの自治体で行政サービスの低下に直結する。また、旧役所（支所等）の職員の削減は、人を介した相談・支援である福祉サービスそのもの自体に大きな影響を及ぼす。

このように、中山間地の最後の頼みであるはずの行政は既に磐石な状態にない。しかも、これを補完するものとして期待される地域の支え合いも、その支え手自体の不足により多くを期待できない。ここに中山間地の抱える都市部以上に深刻な問題がある。

地域の福祉の状況は、大変厳しい状況に置かれている。それは、都市部、及び農村部なかでも中山間地それぞれにおける地域の支え合いの希薄化であり、地域力そのものの低下であり、地域の主体的な相互扶助の機能に十分期待できないという現状である。その改善に向けて、行政が支援して新たな支え合いの仕組みをつくることが取り組まれている。しかし、行政の役割や機能は、サービス提供主体の多様化、行政運営の規律化、一方で財政の窮乏化、合併に伴うサービス再編のなかで、前よりも明らかに低下してきている。こうした実態のなかで、地域住民の支え合い機能の再構築とその取り組みに大きな期待がかけられているのである。行政の公共責任の後退とも言える事態のなかで、地域の支え合い機能への期待が過剰なまでに進行している。

(2) 「新たな支え合い」の構築

一方、国もこうした地域社会の状況に対して、傍観するわけにはいかなくなってきた。厚生労働省社会・援護局は二〇〇七年一〇月、学識経験者等からなる「これからの地域福祉のあり方に関する研究会」を組織し、翌年三月、同研究会は「地域における『新たな支え合い』を求めて―住民と行政の協働による新しい福祉―」を報告として提出した。この報告のなかで、国は地域福祉に対する理解および認識、また基本的な対応の方向を提示している。

①「新たな支え合い」(共助)とは

報告は、今、地域福祉を議論することの意味について、「公的な福祉サービスは分野ごとに発達してきたが、制度の谷間にあって対応できない問題があるほか、住民の多様なニーズについて、全て公的な福祉サービスで対応することは不可能であり、また、適切でないことも明らかになっている」点をまず指摘する。その現状認識には、福祉における行政(公共)の役割及び責任の後退の印象を抱かざるを得ない。

その上で、今後のわが国における福祉のあり方について、「公的な福祉サービスの充実整備を図るとともに、地域における身近な生活課題に対応する、新しい地域での支え合いを進める」ことを目標に掲げる。こうした基本認識から、地域福祉の意義と役割は「地域における多様な生活ニーズへの的確な対応を図る上で、成熟した社会における自立した個人が主体的に関わり、支え合う、地域における「新たな支え合い」(共助)の領域を拡大、強化すること」であるとする。この「新たな支え合い」(共助)は、「行政だけでなく多様な民間主体が担い手となり、これらと行政とが協働しながら、従来行政が担ってきた活動に加え、きめ細やかな活動により地域の生活課題を解決する、という意味で、地域に「新たな公」を創出するもの」とも説明される。しかし、その「新たな支え合い」の具体像は示されない。また、民間の多様な主体が、地域福祉計画の策定に参画するなど住民参加を進めていくことで、地域の公共的決定に関わることも「新たな公」としての性格を強めることを指摘する。しかし、多様な民間主体が関わり合う「新たな公」の創出がどのようなもので、これをどのように形成するのかも同じように提示されることはない。

このように、国の地域福祉への理解と推進の基本方向は、これからのあり方(目標)である「新たな支え合い」(共助)の姿が明らかでなく、民間の多様な主体による支え合いの構築のみが強調される。一方で、市町村(行政)の役割は全く触れられていないわけではない。報告でも終わりの方に付け加えるようにその記載が登場する。法制度に基づく公的なサービスが適切に提供されることと、「新たな支え合い」(共助)による地域福祉活動と市場による福祉サービスが相俟って、住民の地域での暮らしの継続を可能にすることにそれぞれ責任をもつとして、その最低限の責任を確認するに留まっている。公民の協同責任が基調であり、このような点からも、地域福祉の推進において行政の役割の後退がみてとれる。

②地域社会再生の軸として

報告はさらに、地域が生活の場であり、様々な生活問題への対応活動の基本となる場であり、人々のつながりができ地域のまとまりを高めることが自殺や非行などを減少させることにもつながるとの認識から、地域社会を再生することが、現代社会が抱えている様々な問題を解決する有効な方法の一つであると指摘する。そして、「住民が地域の生活課題に対する問題意識を共有し、解決のために協働することは、地域での人々のつながりの強化、地域の活性化につながることが期待され、その意味で、地域福祉は、地域社会を再生する軸となりうる」として、地域福祉への取り組みが地域再生の基盤となることを強調し期待する。

地域が多様な生活課題の対応の基本となる場であり、地域での人々のつながりを強化してこれに当たること、そのことが人々の関係と交流を生み出し、地域の活性化につながる。このような認識から、国は地域福祉が地域再生の礎となることを主張し、これへ取り組むことを報告を通して国民全般に促している。

しかし、これまでみてきたような都市や地方の実情、行政の機能低下に替わる地域の支え合いの再認識、国の地域福祉に対する基本認識――民間主体による「新たな支え合い」（共助）の形成――のなかにあって、国の言うように、地域福祉への取り組みが本当に地域再生の基盤となり得るのだろうか。また、果たして本当にそう言い切れるのか。これを字句通りそのまま受け取るわけにはいくまい。地域福祉の取り組みをそのまま地域再生へとつなげるには、この二つを媒介する何かが欠けているのではないか。それは何で、そのつなげるプロセスを描くことが求められているのではないか。このことを地域福祉の今の取り組み、あるいは法制度面での仕組みや課題をみるなかから、もう一度問う必要がある。また、地方分権下の地域社会、都市部でも農村部でも課題を抱えているが、なかでも変化の著しい合併後地域での地域福祉の取り組みにどのような工夫や変化がみられるのか。合併後地域では、合併に伴い行政が大きく再編され、地域の自治を含む制度や仕組みそのものが一部で見直されるに及んでいる。こうした変化のなかで、地域福祉の活動が、さらに地域の再生が取り組まれてきている現実がある。こうした合併後地域の仕組みや取り組みは、都市部を含む地方分権社会における「新たな支え合い」の姿を構想するための新しいヒントを与えはしないだろうか。

こうしたねらいの基に、以降に、現行の地域福祉の推進システム、また合併後地域での地域福祉推進の取り組みについてみてみたい。そうした検証を踏まえて、地域福祉（支え合い）の推進が地域再生の基盤を形づくるのかどうか、そのための条件として何が必要なのかを明らかにしたい。

2　現行の地域福祉推進のシステム

地域再生の基盤になり得ると期待される地域福祉とは、どのような活動を指すのだろうか。その法制度に基づく支援体制はどうなっているのか、また、この支援体制からなる現行の推進システムは今どのような状況にあるのだろうか。

地域福祉は、その担い手または資金面、さらに推進体制の面からみると、以下にみる主要な要素からなっている。

(1) ボランティア活動

地域福祉の中心となる担い手は、住民であり、そのなかより現われるボランティアである。ボランティアは、自発的であり、かつ無償な活動、社会的な奉仕活動である。国は、一九九八年特定非営利活動促進法（NPO法）を制定して、ボランティア活動を行う主体（組織）に法人格を取得できる途を開くなど、その活動基盤を整備してきている。都道府県及び市町村には、多くの自治体で社会福祉協議会にボランティアセンターが設置され、ボランティアの相談及び紹介、養成・研修などの多様な支援が展開されている。

地域でのボランティア活動は、住民相互や生協、農協、NPO法人などにより多様な形態をとって行われている。その活動内容も、交流、話し相手や配食・会食サービス、外出及び移送サービスといった生活支援全般に及んでいる。ボランティア活動は、地域での要支援者の暮らしを支える重要な役割を果たしている。まさしく地域の支え合いを形づくる活動である。

しかし、多くの人がこうしたボランティア活動をしたいと思っても、時間的な余裕がない、どこに行けばいいのか、または自分に何ができるのかわからないなどを理由に、実際の活動に結びついていない。社会環境のみならず、地域にボランティア活動を始めやすい環境が整っていない実情がある。支援の中核であるボランティアセンターの存在がほとんど知られていない。また、生活課題のニーズを抱える人がいたとしても、この必要としている人とボランティアをしたい人とを結びつける機会や仕組みがうまく機能していないという課題もある。口コミによる紹介を中心とした活動の広がりだけでは、特定の人々の間に活動が留まってしまう。一般の人々の関心を引き、その生活スタイルに合わせた工夫や活動が用意できなければ活動の輪は広がらない。このため、地域ではボランティアをコーディネートする機能が必要となっている。こうした機能がうまく働かなければ、ボランティアが地域の支え合いの基盤を形づくるような動きにはとてもなっていかないのが実際である。

(2) 民生委員

地域での福祉の相談及び推進役として設置されている人が民生委員である。この民生委員は、民生委員法に定める制度であり、地域で援助を必要とする人に対して生活相談や助言をしたり、福祉サービスを適切に利用するための必要な情報を提供している。また、行政の協力機関として、生活保護など関係行政機関の業務に協力する役割を負っている。国の基準に基づき、市区町村内を区分した区域にそれぞれ設置されている。

民生委員は、都道府県知事の推薦によって厚生労働大臣より委嘱される。その資格は、法に「年齢二〇歳以上の者で、人格識見高く、広く社会の実情に通じ、社会福祉の増進に熱意のある者」と定められている。この要件に適う人が町内会・自治会等から推薦され、市区町村を経て、最後に都道府県知事に推薦される。その活動の性格上、守秘義務及び政治的中立が法定されている。無給で三年に一度改選を実施し再選も可能となっている。地域の役職として会合などにも顔を出すことでお馴染みの存在でもある

近年は、地域のふれあいサロン活動などの小地域活動や、災害時の要援護者支援などにも活動の場を広げている。地域の支え合い構築の中核を担う人材としてなくてはならない存在となっている。

しかし、こうした民生委員の活動は、行政からの連絡事項の伝達や調査への協力などその下請け的な業務が多く、本来の要援護者の相談・支援の業務に時間がなかなかとれていない現実がある。また、その成り手に関して、再選規定があることから長年継続して務める者が多く、高齢化が進んでいる。その活動の忙しさ、あるいは責任の重さから、地域でも敬遠される役職となってしまっている。住民やボランティア活動との間では、守秘義務が課されていることから情報共有が必ずしもうまくいかない。また、住民の側からは、その行政協力機関としての職務が理解されず、プライバシー保持を理由になかなか情報が寄せられない実態がある。さらに、近年、個人情報保護法への過剰対応から、必要な情報が行政から提供されないことが多く、要援護者の相談・支援の活動そのものにも支障を来たしている。

このように、地域の福祉活動の相談役、かつ推進役である民生委員の活動は、主にその制度面か

ら活動に制約が生じており、その活動が地域の支え合い構築にうまくつながるように機能するのがむずかしい状況となっている。

(3) 共同募金

地域の福祉活動の資金として有効に活用されているものに共同募金がある。共同募金は、社会福祉法に基づき、社会福祉を目的とする事業活動を幅広く支援することを通じて、地域福祉の推進を図る募金活動であり、社会福祉事業を経営する者の過半数にその寄付金は配分されるなど民間の社会福祉事業の主要な財源となっている。年間の募金額は二〇〇億円を超えており、民間福祉活動の主要な財源としての役割を果たしている。

共同募金は、各都道府県に設置された都道府県共同募金会が、募金の実施、目標額や配分計画等の策定、配分先や額の決定を行う。計画募金としての性格を有している。この都道府県共同募金会の内部組織として、市町村レベルに支会が置かれ、その下に毎年一〇月、自治会・町内会等の協力を得て、赤い羽根募金として全国に実施されている。

募金の実際は、戸別募金が額全体の七〇%以上をしめ、法人募金や職域募金を大きく上回る。集められた寄付金は、災害等のための準備金に充てる他に、社会福祉協議会、NPO法人などの団体・グループ、福祉施設等に配分される。配分額全体の約六割が社会福祉協議会、及びそれを通じた住民活動やボランティア活動への支援に回されている。共同募金は地域福祉活動の重要な財源となっている。

しかし、このような共同募金も課題を抱えている。地域で集められた寄付金は、原則として都道府県共同募金会に申請のあった者に対してのみ配分される。このため、地域で募金を集めた住民が自らの活動の資金とするような仕組みになっていない。また、寄付金がどのように使われているのかが見えにくい構造となっている。身近な地域の活動に寄付したいという住民の要望に現行の制度がうまく合致していない。共同募金は、地域の支え合いの構築にそのまま役立つような使い途のできる仕組みにはなっていない。さらに近年は、景気の変動の影響、町内会・自治会への未加入者の増加などから募金額も減少してきている。制度や運用面での見直しが必要となっている。

共同募金は、地域の活動に柔軟な活用ができない、都道府県共同募金会を実施主体とした募金の集金、申請者に限定した配分となっているなど、その〝計画募金〟としての制度の仕組みそのものが今や課題となっている。

(4)　地域福祉計画

地域福祉の推進は、二〇〇〇年の社会福祉法の制定により法律上明確にされている。新しく追加された法第四条は地域福祉の推進を定めている。この条項に基づき、地域福祉を推進する手段として「市町村地域福祉計画」が同法第一〇七条に位置づけられている。

市町村の策定する地域福祉計画は、自治体政策の根幹となる地方自治法上の基本構想に即すること、計画を策定・変更する際に地域の住民やサービス事業者、ＮＰＯなどの意見を反映させること、また計画内容を公表することを法定されている。そして、計画に定める事項として、相談支援体制、苦情解決、サービス受給の権利擁護など福祉サービスの適切な利用の推進に関すること、サービス事業者の参入促進、福祉専門職の養成、保健・医療等他分野との連携など社会福祉を目的とする事業の健全な発達に関すること、さらに、住民・ボランティア・ＮＰＯの福祉活動への支援、地域福祉を推進する人材の養成など住民の福祉活動への参加の促進に関することをそれぞれ定めることを要請されている。

「市町村地域福祉計画」は、地域（市町村）での福祉サービスや活動を円滑に進めるために、行政が中心になって定める計画である。一方で、公民協働で計画を策定し、住民及び福祉関係者の協力を得て地域福祉を推進することをねらいとしている。地域での安定したサービスの確立のみならず、文字通り地域の〝支え合い〟を住民等の参加を得て構築するためにも大いに活用することが可能な方法・手段である。

こうした「市町村地域福祉計画」は、近年問題視される、既存の制度やサービスにつながりにくい虐待、家庭内暴力、閉じこもりなど生活課題へ対応することを新たに求められている。地域福祉計画には、公民協働でこうした生活課題の発見や解決の方法を検討し、これを実行に移すことで地域の支え合いへと有効に対処することが期待されている。しかし、法に定める計画事項は、必ずしもこのことを規定していない。つまり、これら生活課題の対策を計画に定めなくても何ら問題はない。また、計画の策定主体が市町村であることから、計画の内容が行政の責任範囲を中心に狭められる恐れがある。この場合は、いくら公民協働を強調しても地域や民間はその実行に協力を迫られる形とならざるを得ない。目標とする公民協働の実現は遠のくことになる。計画への住民参加が建て前に終わらない取り組みや工夫が課題となる。

さらに、地域福祉計画を身近な地域の支え合いの基盤を形づくる計画として活用しようとすると、市町村の行政範域では広すぎる。

一方でそもそも地域福祉計画は、身近な地域で住民が策定に参加し、さらに計画実行の担い手になることがねらいにある。このため、独居高齢者の見守りやふれあいサロン活動などをはじめ、日頃の様々な支え合いの活動が行われる範域であり、また、地域での生活課題などのニーズを早期に発見し対応することが可能な範域が対象として望ましい。法の規定する市町村の行政範域では広すぎる。小学校区などの日常生活圏域での計画策定が有効である。こうした日常生活圏域での「地区福祉計画」の策定が、地域の支え合い基盤の構築にそのまま結びつくことになる。しかし、その地区での計画策定の取り組みはまだまだ遅れているのが実情である。

(5) 社会福祉協議会

社会福祉協議会は、地域福祉の推進体制の中心を担う組織団体として、全国の地方自治体に組織されている。社会福祉協議会（以降「社協」）は、地域福祉の推進を図ることを目的に設けられる民間組織（社会福祉法人）であり、市町村及び都道府県を単位に配置されている。社協は、社会福祉法に市町村社協を基礎単位として設置することを定められ、その目的が地域福祉の推進であることを明確に規定された団体である。

市町村社協は、区域内の社会福祉施設や機関、地域住民組織、ボランティア団体などが参加する。また、社会福祉事業または更生保護事業を経営する者の過半数が参加することを法定されている。社協の組織を構成する役員は、行政職員及び社会福祉事業者の他、自治会・町内会や地区の社協、当事者組織、ボランティアグループなどの代表からなっている。

社協の活動は、社会福祉事業間の調整連絡の他、ふれあいサロンや見守りネットワーク活動、地区の社協の組織づくりなど、住民による地域福祉活動の支援、また災害時の要援護者支援活動を中心に取り組まれている。社協は地域福祉推進の重要な役割を果たしている。財政面は、世帯及び法人を単位とした会費制を基礎としており、さらに共同募金の配分金、行政からの助成金、さらに介護保険サービスによる事業収益などから構成されている。

しかし、市町村社協は、実際の収入面では、会費を基礎とするが、サービスの事業収益や行政からの助成金に大きく依存している。事務局に行政から職員が出向することが多く、また、その性格上も行政からの委託事業を多く抱える。このため、行政との区別がつきにくく、その多くが民間の立場で地域福祉を推進する団体として住民に意識されるまでに至っていない。近年は、地域における福祉サービスの事業者となり、その業務の主要な部分を介護保険や子育てなどのサービス事業に充てており、本来の地域福祉活動の支援・推進が十分に取り組めていない実態がある。また、その事業運営や地域支援において職員の専門性の確保や適切な配置も課題となっている。このため、地域の支え合い構築に対しても、その役割や機能を十分に果たせていない現実がある。

地域福祉は、このような法に基づく構成要素、及び推進体制によって推進されている。しかし、いずれの要素も充分に機能する点において多くの課題を抱えている。これは社会経済状況の変化に伴い、地域社会が大きく変化したことの結果とも言える。国民の行動様式や価値観も大きく変化し、また物質面での利便性も向上するなか、住民は多くの面で地域社会に依存しないで生活することが可能となっている。福祉の場面でも、地域の支え合いを必ずしも必要としない生活を選択することは可能である。こうした状況からも、これまでの法や制度に基づく、公の主導あるいは支援による地域における福祉社会の構築は今や転換期を迎えている。既存の法制度に基づく地域福祉の推進は、現実の社会にうまくそぐわない、もはや制度疲労を起こしているといっても過言ではない、

こうした現行の地域福祉推進のシステムが、国の掲げる地域再生の基盤を形づくるように有効に機能し得るのだろうか。このままでは大きな課題があると言わざるを得ない。地方分権が進行し、市町村が地域福祉推進の中心となるなか、これまでの地域福祉推進システムは見直しを迫られている。地方分権社会の変化した状況に対応できる新たな推進のシステムが求められている。

3　地方分権下での地域福祉推進の取り組み

既存の地域福祉の推進システムが充分に機能できていないなか、地方分権が進行した今の地域社会において、地域福祉（支え合い）はどのように推進されているのだろうか、あるいはどのような環境下で推進することを条件づけられているのか。地方分権下の自治体における地域福祉の推進とその仕組みについて、事例を通してみてみたい。

以下に取り上げる事例は、一つ目は地域まちづくりの事例である。市町村合併に伴い導入された「地域自治区」制度を活用した地域まちづくりのなかで、身近な地区での助け合いの取り組みが展開されている。二つ目は、自治体の福祉推進条例を活用した事例である。条例の制定によって自治体の福祉政策の推進体制を整え、地域福祉計画の具体的な実現を図ろうとする事例である。三つ目は、地域の社協活動を新たな方向で展開する事例である。社協の培ってきた助け合い活動を基盤に、市民の協力を巻き込みながら住民の権利擁護や地域のまちづくり活性化と協調・連携していく取り組みである。

こうした取り組みの事例をみるなかから、そこに地域福祉を推進する要素として、共通した何がみえてくるであろうか。

(1) 地域まちづくりの取り組み事例――岐阜県恵那市

①地域自治と福祉の推進

地方分権が進行した二〇〇〇年代前半、市町村合併がその受け皿整備を目的に全国で推進された。その事態に直面した地方の自治体の間では、広域化による地名の消失、行政サービスの低下、自治の空洞化、地域内格差など様々な問題の発生が懸念された。そうしたなか、その対応策として一部の合併自治体のなかから、合併前の旧町村単位に「地域自治組織」を立ち上げる取り組みが現れた。この取り組みは、合併後地域の自治の新たな仕組みとして、既存の地域住民組織を再編して活用する試みとして注目された。「地域自治組織」の多くは、旧町村の独自事業を引き継ぐこと、また地域の自治の空洞化を防ぐことを目的に、一方で合併を促進するねらいをもって組織されている。その設置は国の制度が整備されたことで促進された。「地域自治組織」は、地方自治法に基づく「地域自治区」、合併特例法に基づく「合併特例区」、さらに法律に定めのない任意設置（条例等に規定）のいずれかの形態をとって設置されている。法に基づく「地域自治区」と「合併特例区」の設置は、全国でそれぞれ五三団体（一般制度一五、合併特例三八）と六団体をそれぞれ数える（二〇〇六年七月現在）。

「地域自治区」及び「合併特例区」には、地区にそれぞれ区域の事務を所掌する事務所と、その所掌事務さらに地区の区域に係る事務等について審議する協議会が置かれる。この協議会は、それぞれ地域住民の代表から構成され、基本的に諮問機関としての性格を与えられている。その委員はいずれも首長より選任される。このうち、地域協議会は、市町村長等から諮問された事項、または必要と認める事項について審議し意見を述べることができる。一方の合併特例区協議会は、これに加えて地区の処理する事務の予算の作成や事務規約の変更に同意権をもつなど、より強い権限を与えられている。しかし、その設置に期限（五年以下）が設けられており、恒久的な制度ではない。また、これ以外の任意の地域自治組織は、この諮問機関以上の機能を付与することを主なねらいとして設置されている事例が多い。

これらの「地域自治組織」に共通しているのは、その諮問機関としての基本的性格から、地域の課題等について協議し提言する組織であり、事業や取り組みを直接実行する組織ではないことである。そこで、地域によっては、この地域協議会と合わせて「まちづくり実行組織」を設置する事例がみられる。この「まちづくり実行組織」は、協議組織に対しその協議した内容を実行に移す組織であり、これを設置する地域では、協議組織と実行組織の組み合わせによって地域づくりが推進されている。この「まちづくり実行組織」も地域協議会等と同じように地域住民によって構成される。地域住民が活動分野ごとの部会に分かれて活動に取り組む事例が多い。これらの部会のなかには、地区の支え合い（福祉）を担当する部会も当然含まれる。この福祉部会等が、地域の福祉活動を直接担う、あるいはこれらを調整・支援し、また町内会・自治会等の地域組織、地区（支部）社協やボランティア・NPOとの間で連携し調整を行うことで、地域の福祉を推進する組織として機能することが期待される。こうした「まちづくり実行組織」が期限を設定された「合併特例区」ではなく、一般制度として恒久的な「地域自治区」で活用される事例が着目される。次に、その実際の取り組み事例をみてみたい。

②地区での福祉の取り組み

恵那市の「地域自治区」

この地区の住民協議組織（協議会）と「まちづくり実行組織」をもち、地区ごとにまちづくりの協議・検討と実施を行っている事例に、岐阜県恵那市がある。

恵那市は、岐阜県と長野県境に近い東濃地域に位置し、二〇〇四年一〇月に旧恵那郡の五町村（岩村町、山岡町、明智町、串原、上矢作町）と合併した。人口五万六千人の新市としてスタートした。高齢化率は26％に達する（二〇〇五年一〇月現在）。翌年一月、旧町村区域に「地域自治区」を導入し、二〇〇六年には旧恵那市の八地区にこれを拡大設置した。各地区には、それぞれ（振興）事務所と地域協議会が置かれている。振興事務所は行政事務を分掌し、地域協議会の庶務の役割を担う。地域協議会は、各地域のまちづくりに関する意見の取りまとめ、市長等の諮問に対する意見具申を行う。また、基本構想等の計画における地域に係わる事項・事務等について、同じように諮問に応じて審議し答申する。

恵那市は、この「地域自治区」単位で、地域づくりに活用することを目的に、合併時から五年間で計五億円の地域振興基金補助金を設けた。地域協議会は、これを活用するために毎年度事業計画

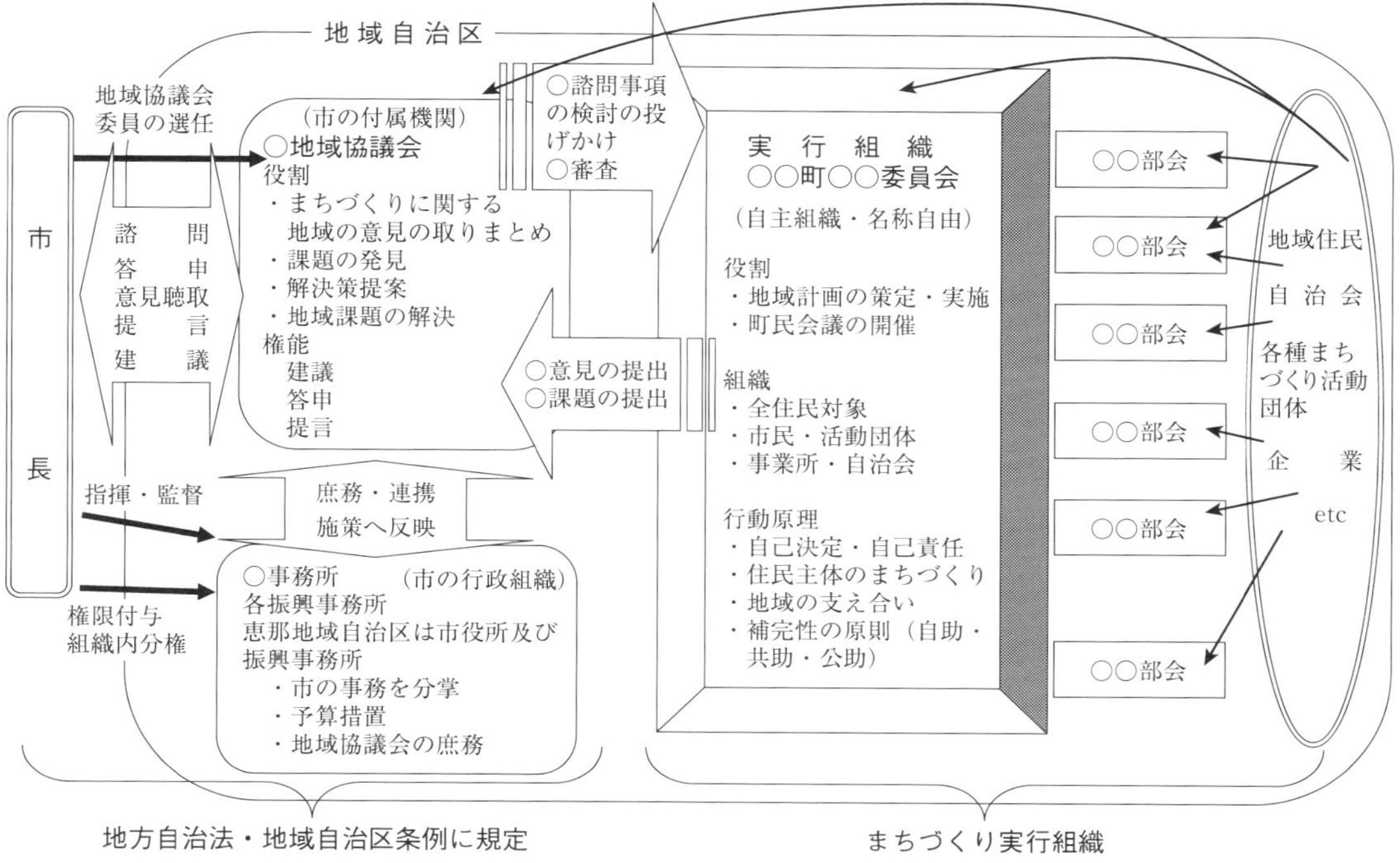

（出所）恵那市提供資料.

図1　恵那市地域自治区のイメージ

を策定して「地域づくり事業」を位置づける。一方で、市は、この事業に取り組む「まちづくり実行組織」を地域協議会とは別に各地区に設置している。この実行組織は、地域協議会が認知した住民の自主的な組織としての位置づけをもつ。「まちづくり実行組織」は、図1にみるように「地域計画」（総合計画に基づく）を策定し、これに基づき事業を行い、地域協議会に意見や課題を提出するなどの役割を負う。この「まちづくり実行組織」は、地区では「まちづくり委員会」等の名称でそれぞれ組織されている（以下、恵那市事例では「まちづくり委員会」に統一）。この「まちづくり委員会」の下に、それぞれ活動分野別の部会が設けられる形となっている。

地域福祉計画の策定

恵那市では、地域福祉の推進を目的に、合併後の二〇〇五年から二〇〇七年にかけて「市町村地域福祉計画」の策定に取り組んだ。この策定作業のなかで、「地域自治区」の設置された一三地区でそれぞれ地区別構想の策定を検討している。

地区別構想の策定は、地区の振興事務所が働きかけて、各地区に計画検討チームを組織することで取り組まれた。この計画検討チームが「まちづくり委員会」との協力・連携の基に各地区に組織された。この「まちづくり委員会」の下に設置される部会のうち、健康福祉に関する部会（以下「福祉部会」と略）は、一三地区のうち一一の地区でそれぞれ組織された。そこで、この福祉部会を活用して構想検討の「地区別検討チーム」を編成し、地区の課題を把握することから始めて検討に着手する事例が大半の地区に及んだ。福祉部会は、民生児童委員、支部社協、自治会、福祉及びボランティアの各関係者代表などから組織されている。こうして、行政（振興事務所）の協力・支援を得て、福祉部会を中心とした地区別構想が検討され策定された。

助け合い事業の推進

一方、この一三地区のなかには、地域の福祉に関連する活動に直接取り組む部会もみられた。その取り組み事例として、山岡地区での「山岡みまもり隊（たい）」の事例がある。

恵那市山岡地区（旧山岡町）は、合併を契機として、その前年、二〇〇三年一〇月に町全域を対象としたNPO法人「まちづくり山岡」を設立した。この組織は、町の活性化と旧町の事業を合併後も引き継ぐことを目的に立ち上げられた組織で、市からの指定管理事業と地域づくり事業、補助事業等を業務としている。指定管理事業として介護支援施設、健康増進センター、公園の各運営、地域づくり事業として「ささゆり」の里づくり事業、ふれあい広場事業、環境美化（フラワータウン）事業、親子ふれあい事業、恵那市登り窯事業、ご近所助け合い事業、地域安全パトロール事業の七つの事業、補助事業としてふるさとまつり・秋の祭典をそれぞれ実施している。法人格をもつ〝地域まちづくり事業体〟として、旧町の事業を一部引き継いだ分野別の地域事業を行う団体である。

地域づくりの七つの事業は、会員である地域住民からなる委員会（部会）をそれぞれ組織し実行している。このうち、「ご近所助け合い事業委員会」が地区の福祉に関連した活動に取り組んでいる。当委員会は、①安心・安全で住みよいまちづくりを進めるための自治会組織・ボランティア団体・行政の連携、②災害時をシミュレーションし必要とするもの・こと・行動の具体化、③地域の危機管理体制の確立を目的に活動している。委員会は、安心安全なまちづくりに向け、現状を把握し、町の抱える課題・問題点を洗い出すことから取り組みを始めた。その結果、昼間消防団員が地域（町内）にいないことで消防態勢が手薄な状態にあり地域の消防力が低下していること、独居・高齢者世帯が多いことから助け合いの仕組みづくりが必要なことを大きな課題として掲げた。

これを受けて、委員会は、①昼間町内にいる消防団OBを活用した自主防災組織の結成（初期消火活動の実施）と、②二〇〇七年度から取り組む「独居・高齢者等安心マップ」の充実にまず取り組んだ。「独居・高齢者等安心マップ」とは、緊急時の安否確認など必要に応じた支援を行うために作成した登録カードを、八地区で一目でわかるように色分けして地図上に整理したものである。こうした取り組みに基づき、二〇〇八年一一月には、自助、共助の認識を高め、安全で安心して暮らせる環境を守ることを目的に、消防団山岡分団の後方支援、要援護者の支援活動を活動内容とする「山岡みまもり隊（たい）」を発足した。災害時の情報の収集・伝達・後方支援と、災害時要援護者の安否確認及び食糧物資等の配布を職務とした活動を始めている。

この山岡地区の活動は、防災と福祉が連携した地域の支え合い活動とみることができる。独居高齢者等からの申請に基づく登録カードは、通常各組長（各自治会長）が保管・管理しており、災害時にさらには緊急時に即座に安否確認に行ける体制がつくられている。こうした支え合い活動が近隣の助け合い（福祉活動）として、地域のまちづくり事業のなかで取り組まれている。

このような恵那市の「地域自治区」の事例では、その実行組織である「まちづくり委員会」での福祉部会を中心とした地区別構想検討の取り組みが注目される。そこでは、地区の福祉構想が検討され、また、市の地区のまちづくり事業の予算化を受けて、一部の地区ではまちづくり事業体（NPO法人）が発足し、そうした基盤の上に独居高齢者等の見守り体制の構築が進んでいる。この「まちづくり委員会」は地域協議会とセットになった「地域自治組織」であり、地域のまちづくり事業を推進する組織である。恵那市では、この各地区の「まちづくり委員会」が、地区別構想を検討する組織、さらに福祉の助け合い事業を企画し実行していく中核組織として機能し得る条件がつくられている。地域住民主体による「まちづくり実行組織」が構想（計画）を検討・策定し、かつ自らが計画で定めた事業を実施する母体として活動自体に取り組んでいる。まさに地域自治の活動そのものが展開されている事例であり、地区での主体的な福祉活動は、この自治の基盤があった上ではじめて可能になっていると言ってよい。この地域自治の活動の一つとして地域の支え合い活動が取り組まれていることは、他の同じような地域の大きな目標ともなろう。

(2) 福祉推進条例を活用する事例――豊中市

①計画と条例の推進システム

市町村の地域福祉を推進する仕組みとして、地域福祉計画を策定し、これと並行して福祉推進条例を制定する事例がみられる。(2) 地域福祉計画は、社会福祉法第一〇七条に基づく市町村の地域福祉推進の手段であり、福祉推進条例は、市町村の福祉政策の基本方向を定めることでその推進の指針となるものである。行政が計画によって福祉政策の事業・取り組みを定め、これを受けて議会が条例に基づき事業やサービスに予算をつけて実現に移す。計画が政策の設計図であるならば、条例は自治体が政策の実現を推進するエンジンの役割を果たす。この二つが揃い機能することで地域福祉を推進するシステムが補完し合い整うことになる。

この推進システムを備える市町村の事例の一つに、大阪府豊中市がある。豊中市はこの計画及び条例の規定に基づき、地域で積極的な取り組みを推進してきている。

豊中市は、大阪市の北に隣接する人口約三九万の大都市近郊の自治体であり、二〇〇三年に「健康福祉条例」を制定した。条例制定の背景として、都市化や少子高齢化の進行、ライフスタイルの変化など社会情勢の変化により、地域における相互扶助機能が弱まり、また健康づくりや福祉のニーズも多様化し、地域社会での多様な人々の多様な生活課題に地域全体で取り組む仕組みづくりが求められた。そこで、全ての市民が個人として生きがいをもって、その人らしい自立した生活ができる新たな地域社会の構築を政策の目標に掲げた。そのために、条例は、市が積極的にその役割を果たし、市民及び事業者等が互いの役割を認識し市と協働することを要請している。

この豊中市の条例は、社会情勢の変化に伴う地域社会での多様な人々の多様な生活課題に対して、新たな地域社会の構築をめざして、市（行政）が積極的な立場で保健福祉政策を推進することをねらいとしている。

条例制定の目的及び構成

条例制定の目的は、「健康の増進と福祉の向上に関し、基本理念を定め、市、市民及び事業者等の役割を明らかにするとともに、健康の増進と福祉の向上に関する施策の推進に係る事項並びに健康福祉サービスの利用について市民の権利その他必要な事項を定めることにより、すべての市民がともに支え合い健康で生きがいのある活力ある地域社会の実現に寄与すること」にある。保健福祉政策の基本理念から始めて、市・市民・事業者の役割、施策の推進に関する事項、サービス利用に関する相談や権利に関する事項を定めるなど〝健康福祉基本条例〟としての性格を強くしている。条例は次のような構成になっている。

第1条（目的）
第2条（定義）
第3条（基本理念）
第4条（市の役割）
第5条（市民の権利及び役割）
第6条（事業者等の役割）
第7条（地域福祉計画）
第8条（健康福祉審議会）
第9条（自発的な活動の促進）
第10条（情報の提供）
第11条（相談体制の整備）
第12条（健康福祉サービス苦情調整委員会）
第13条（指導及び勧告）
第14条（公表）
第15条（苦情調整）

この条例の特徴は第七条に地域福祉計画の策定を定めていることである。この規定は、社会福祉法に基づく「市町村地域福祉計画」を核としながら、これに「健康の増進と福祉を向上する推進事項を盛り込んだ計画」（＝地域福祉計画）について、市長にその策定を義務づけている。「市町村地域福祉計画」を市の健康福祉施策の基本を定める計画として、条例に改めて位置づけ直している点が注目される。「市町村地域福祉計画」を積極的に活用していくのみならず、地域福祉計画を行政の健康福祉政策の根幹を取り決める計画として据えている。計画に基づき政策を推進する行政の骨格とねらいがそこには見てとれる。こうした計画の位置づけから、条例では法の規定を上回ってその策定を市長に義務づけている。また、その計画の策定について、諮問機関に相当する健康福祉審議会の議にかけて意見を聴取するという策定手続きを合わせて定めている（第八条）。

福祉政策の総合的な推進

この条例では、第九条以降に、市民および事業者等の自発的な活動を促進する情報提供や啓発を行うこと、また、市民がサービスを適切に選択するために、情報の提供、相談体制の整備、苦情調整及び対応の仕組み（苦情調整委員会、指導及び勧告、公表）を定めている。市民などの福祉活動の促進とともに、サービスの適切な利用の推進について行政の実施する行為をそれぞれ規定している。これらのサービスの適切な利用の推進に関する取り組みは、二〇〇〇年の社会福祉法制定以降のサービス利用制度の転換（措置から契約へ）に伴い生じた、行政の責任により新たな対応を必要とする取り組みに相当する。これらの対応・取りくみを条例に定めること自体が、自治体行政の姿勢及び責任を明確にするねらいをもっている。条例を根拠とする地域（市町村）の保健福祉サービス実行の仕組みがそこにはつくられている。

また、このサービスの適切な利用の推進に関する取り組みは、「市町村地域福祉計画」の法に定められた策定事項の一つにもなっている。この保健福祉条例全体が、地域福祉計画の策定事項を市の福祉行政の基本あるいは実施事項として改めて位置づけ直すことで、福祉政策全般を推進する構造となっている。ここに計画の内容を条例に定めて推進するというシステムが完成された形をみることができる。

このように、豊中市では、保健福祉条例を制定して、地域福祉計画の策定を義務化することで地域福祉の推進を自治体の姿勢としてまず鮮明にしている。そして、行政の責任を明確にするねらいの基に、自治体福祉行政の基本的な取り組みを定め、サービスの円滑な推進の基盤を整備している。さらに、計画の策定事項を条例の事項と重ねて規定することで、計画と条例を活用した地域福祉の一体的な推進を図ろうとしている。こうした地域福祉推進システムは他の自治体にもない先駆的な取り組みとなっている。

②コミュニティソーシャルワークの展開

こうした地域福祉推進を掲げる豊中市において、実際の地域での取り組みとして独自なものに社協への「コミュニティソーシャルワーカー」の配置がある。

「セーフティネットの構築と住民と行政、事業所とのつなぎ役」[3]が、社協に配置されたコミュニティソーシャルワーカーである。コミュニティソーシャルワーカー（以下、CSW）は、大阪府の地域福祉支援計画に基づき生活圏域（中学校区）に配置された府独自の補助制度に基づいている。

豊中市では、CSWが七つの日常生活圏域（地域包括支援センターの利用圏域と同じ）にそれぞれ配置され、地域づくりをしながら個別支援へのサポートとネットワークづくりを行っている。CSWの役割は、①「福祉なんでも相談窓口」のバックアップ、②「地域福祉ネットワーク会議」の運営、③地域福祉計画の支援、④セーフティネットの体制づくり、⑤要援護者に対する見守り・相談となっている。その役割は地域の福祉全般についての推進役である。このうち、最も主要な役割にセーフティネットの体制づくりがある。

豊中市では、「ライフセーフティネット」の構築を地域福祉計画の重点プロジェクトの一つに位置づけている。「ライフセーフティネット」は、小学校区の「福祉なんでも相談窓口」、日常生活圏域の「地域福祉ネットワーク会議」、市域の「ライフセーフネット連絡調整会議」の三つの圏域に分かれて構成されている。このうち「地域福祉ネットワーク会議」は、七つの日常生活圏域に組織される分野を超えた専門職の連携会議で、校区ごとの成果と課題を発見し共有することで福祉関係者の協働に取り組んでいる。これを市社協がCSWと連携して主催する。地域で解決がむずかしい課題は、関係行政機関からなる「ライフセーフネット連絡調整会議」に情報提供がなされ、プロジェクト会議を立ち上げるなどして協議され解決が図られる。この仕組みのなかでCSWは、それぞ

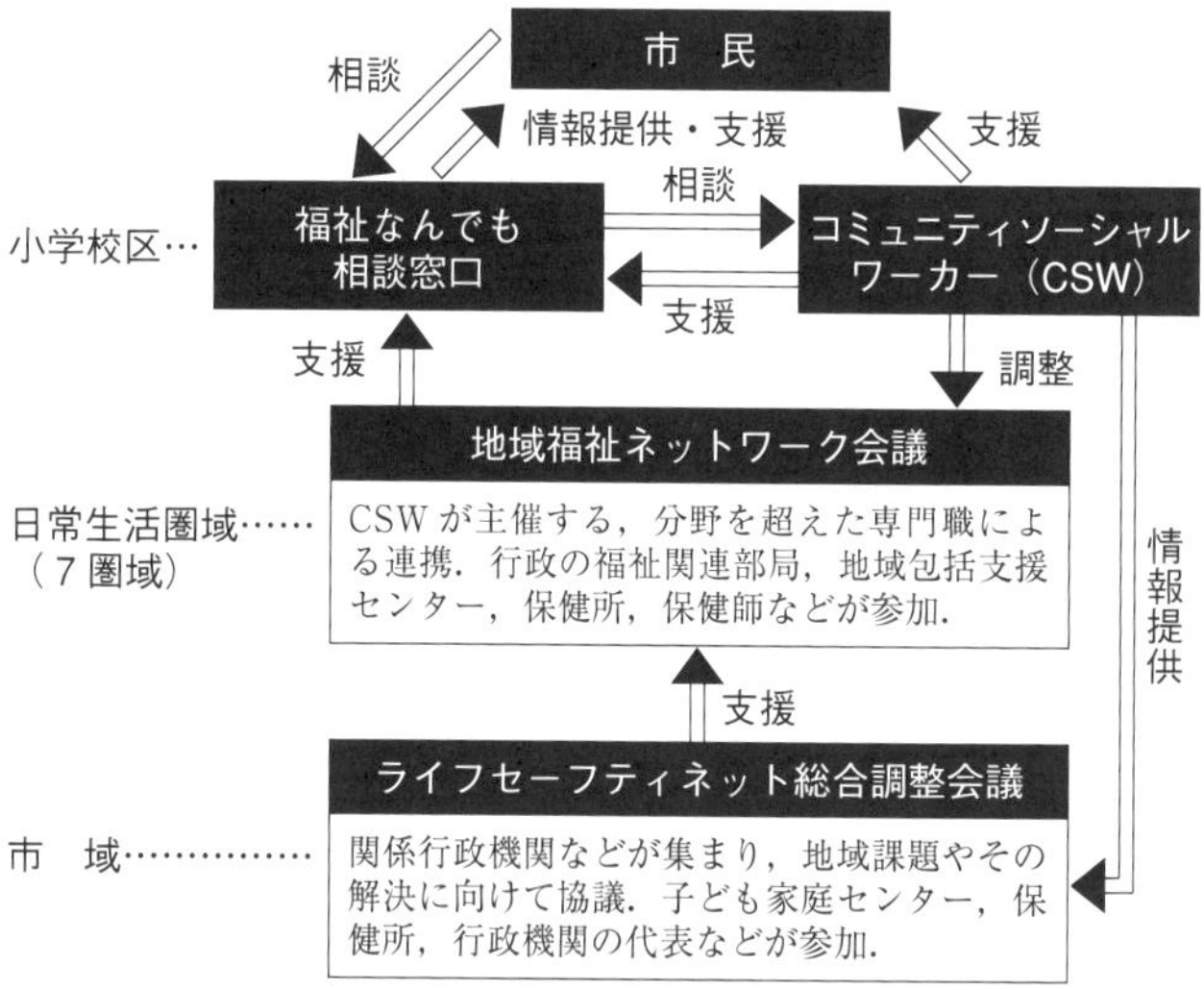

（出所）「2009年度版はい！社会福祉協議会です。」（豊中市社協）

図２　豊中市ライフセーフティネットのイメージ

れ三つの組織の間で支援・調整する扇の要の役割を担っている。セーフティネット全体は、地域おける見守り体制の充実、身近な相談窓口の確保、専門機関と地域住民、事業所のネットワークの充実を、ＣＳＷが連携・協働させる仕組みとなっている。ＣＳＷは関係機関の間を調整するコーディネーターの機能を果たしている。

また、ＣＳＷは、多様な生活課題についての様々な相談を公民協働で解決するとともに、連携による様々な支援プロジェクトを立ち上げている。これまでに悪質リフォーム対策会議やごみ屋敷リセットプロジェクト、徘徊ＳＯＳメールプロジェクト、七五歳以上ひとり暮らし高齢者のアンケート調査、高次機能障害家族交流会など様々な連携や事業を開発してきている。

このように、地域福祉を推進する行政のコーディネート役としてのCSWは、コミュニティ・コーディネーターとして地域の福祉（助け合い）を推進する中核となる人材として有効に機能している。このコミュニティ・コーディネーターの配置を制度化しているところに、条例に基づく豊中市の地域の福祉政策推進の積極的姿勢が見てとれる。

(3) 社協活動を展開する事例――伊賀市

地域住民による身近な支え合いシステムの構築において、社会福祉協議会（社協）は中心的な役割を果たすことを期待されている。社協は地域住民に最も近い存在であり、住民主体による地域の支え合い構築の役割を果たしてきている。その役割は民間の地域福祉推進団体としての社協の設立目的に適うものである。また、社協は、地域のまちづくりとの連携が期待されるようになった今、多様な取り組みを展開しようとしている。それはこれまでの福祉の枠に留まらない取り組みに他ならない。その活動事例を三重県伊賀市社協の取り組み事例にみてみたい。

伊賀市は三重県の北西部に位置し、二〇〇四年一一月に上野市と伊賀町、島ケ原村、阿山町、下山田村、青山町の六市町村が合併して誕生した。人口は一〇万人、高齢化率は約26％に達する、中山間地に位置する都市である。

①地域で安心して暮らす「福祉後見」への支援

「福祉後見」とは、「福祉的ニーズに応える後見のあり方をめざすものであり、そのために成年後見人等ひとりに頼るのではなく、ネットワークで支えていくしくみを地域に作り上げていこうとするもの」(4)とされる。

伊賀市社協は、二〇〇六年にこの「福祉後見」の実施を目的として「伊賀地域後見サポートセンター」を設置した。この業務は、サポートセンターが直接後見を担うものではなく、後見が機能することを支援するための取り組みである。認知症及び知的障害などを理由に判断力が十分でなく日常生活に支障のある者の支援を内容とする成年後見制度、および社会福祉法に定める福祉サービス利用援助事業（日常生活自立支援事業）に対して、福祉的視点からより利用しやすいように社協がサポートすることを目的としている。社協は、認知症の高齢者等の日常の判断がむずかしいという生活課題を、地域での多様な暮らしを確保するという視点から改善へ向けて支援している。サポートセンターは、主に次のような業務に取り組んでいる。

●成年後見制度利用支援（成年後見を必要とする人や、中立をしようとする人に対して、後見を利用しやすくするための業務）
●福祉後見人材バンク（地域の関心のある人に対して研修を行い、成年後見人等の候補者として登録。対象としては、公的な資格保有者、定年後の会社員や行政職員、住民参加型の在宅福祉

サービスの活動者、ボランティアなどを幅広く想定）

●後見人サポート（成年後見人等になった人に対するサポート機能。成年後見人等が行っている援助の状況が適切かどうかのチェック、どのような援助を行っていくべきなのかの相談援助を実施）

●啓発・研修（後見のしくみについて、民生委員やボランティアなどを対象に広く知ってもらうための説明会を開催。社協広報やケーブルテレビでも後見制度の内容を紹介する取り組み）

市民が後見活動に参加・協力することは、地域での助け合いの延長線上にあり、また、地域住民間の希薄化しつつある相互扶助（支え合い）の関係を再び強化するものとして期待される。伊賀市社協は、地域のネットワークで支える「福祉後見」の考え方に基づいて、その支援の仕組みをつくり、かつ人材の養成にも取り組んでいる。

②悪徳商法撲滅のための取り組み

伊賀市社協では、悪徳商法について「高齢者や判断能力が曖昧な人を対象として、悪意のある事業者によって組織的に行われる。経済的・精神的虐待(5)」であると捉えて、その撲滅対策に取り組んでいる。その取り組みの動機には、社協会員である市民が被害を受けていること、相手業者に不服を訴えることが困難な人の財産や生活を守るために代弁することが社協の使命であるとの認識がある。こうした認識の基本には先の「福祉後見」の考え方や取り組みがある。社協では二〇〇四年末頃から次のような取り組みを行っている。

訪問販売などは、クーリングオフ期間中に発見できれば簡単な手続きで解決することが可能であることから、最も発見しやすい立場にある家族・親戚、ホームヘルパーやケアマネージャー、民生委員、近親者など自宅に訪問する人たちを対象に、様々な機会をとらえて学習会を開いている。また、高齢者が気軽に情報交換をできる場である、いきいき・ふれあいサロンの利用者や聴覚障害者などを対象に、悪徳商法をテーマにした講話を開催するなどしている。さらに、広報及びPRの取り組みとして、地元ケーブルテレビの番組で具体例を取り上げたり、広報紙で注意を呼びかけている。クーリングオフのチラシを作成し配布したり、「悪徳商法撃退プレート」（ステッカー）を作成し全戸配布している。市や警察とも連携して、インターネットにブログを開設して啓発を行っている。

伊賀市社協では、こうした取り組みに留まることなく、悪徳商法の早期発見と解決を容易にし、市民参加で悪徳商法の撃退を行うことを目的に、市民を対象とした「いが悪徳バスターズ養成講座」を開催している。講座では、悪徳商法の実例の他、法制度や解決の方法、具体例を通じた演習を行っている。悪徳商法を防ぐためには、絶えず市民に情報を開示し、市民参加で撃退することが最も有効な手段であり、悪徳商法を見抜ける市民が増えることで確実に被害を減らすことができることに期待している。伊賀市社協では、こうした啓発活動・支援活動・養成活動は、市民が自らの力で悪徳商法を撃退できるための基盤づくりと認識し、取り組んでいる。

③中心市街地活性化への取り組み

伊賀市社協では、市の「中心市街地活性化基本計画」の委員としてまちづくりにも参加している。高齢者が多いまちを必ずしも欠点ととらえず、高齢者や障害者が住みやすいまちは誰もが住みやすいと考え、中心市街地特有のニーズや課題を解決しながら人の賑わいを取り戻し、まちが活性化する方法を探っている。

そのきっかけは、県事業での中心市街地の商店と協力し、観光客や市民がまち歩きをしながら楽しむイベントの開催にあたり、社協に昔の遊びを教えてくれる高齢者を紹介してほしいとの相談依頼があったことに始まる。社協は、高齢化率の高い中心市街地で、高齢者が楽しみながら心豊かに暮らせるチャンスはないかと考えて、介護予防教室で行っていた高齢者の歌声サロンに声をかけた。どのようにその場を運営するかのアイデアを募ることでイベントの成功に協力した。その後、社協に、高齢者の参加を得て実施するまちのイベント実施について、相談がもちかけられるようになった。

伊賀市は、二〇〇六年国土交通省の「都市再生モデル調査」を受託して、「伊賀流いきいきプラン」を策定した。この事業は、高齢者や障害者が地域住民と交流しながら暮らせるまちを目指す事業であり、以前に社協が地域の有志からの相談を受け、設立を支援した高齢者優良賃貸住宅の地域交流スペースを拠点として実施が検討された。社協はこのプラン策定の事務局機能を担った。「伊賀流いきいきプラン」では、地元の高齢者等と実行委員会が共に話し合う機会がなかったことから、まちづくりへの想いを共有することと、住民の主体的な関わりを促すことを目的に「伊賀流いきいき井戸端会議」を開催した。また、高齢者や障害者が検討し制作した商品を商店街等の協力の基に協働事業として販売活動し、中心市街地活性化へつながる取り組みを試みている。さらに、中心市街地にある高校に呼びかけて、社協とまちづくりに関心のある高校生の有志が主催して、高齢者と高校生との世代間交流の場をもつなどの取り組みをしている。

社協は、まちづくりとの連携及び協働を図って、生活の視点から人材の発掘やイベント、人的な交流へと活動を広げてきている。こうした活動は、地域に根付いて人のネットワークを築き支援してきた社協の強みをまさに生かした活動に他ならない。

こうした伊賀市の事例にみるように、社協は、生活の課題に留まらず、今や生活から生じて多方面にまたがる課題についても対応してきている。地域の支え合いを構築することを目標に、これまでの福祉領域に狭く限定することなく、会員である市民の協力を直接巻き込みながら、暮らしの安全・安心を支える取り組み、さらに他の領域との接点を求めて、市街地活性化など地域まちづくりの事業にも協働して取り組む動きをみせている。社協は、地域の支え合いを底辺に、その活動を地域の暮らしや生活を守り、さらに創造する活動へと展開しつつある。今後、社協が中心となった地域福祉・まちづくり事業の推進が大いに期待される。

以上、地方分権下における福祉や生活に関わる地域、行政、社協の取り組みについてそれぞれみてみた。こうした地方分権下での、地域の福祉の取り組み事例に共通しているのは、国からの地方分権を受けて、これらの事例が地域あるいは自治体で自治を推進しようとするねらいや動きに基づくことである。それは、地域の自治推進システムを構築したなかでの地区の福祉（助け合い）活動の推進であり、自治体での福祉行政の基本確立と並行した地区での福祉推進基盤システムの整備であり、さらに、住民の自発性を引き出し〝共助〟をめざす活動支援であり、これを地域の活性化などまちづくりにもつなげていこうとする取り組みである。これらの事例から伺われるのは、地域でのこれからの自治を志向して仕組みをつくり、またその担い手となる住民主体の活動を促すことで、これまでの福祉の領域に留まらない、まさしく〝地域まちづくり〟と連動した、あるいは地域の自治をめざした新たな取り組みであるといえよう。

この地域まちづくりと連動した、または地域の自治をめざした取り組みが、地域の再生へとつながる前提を形づくることになる。この地域まちづくりと自治のつながりが、地域再生への鍵となる。

4 「福祉まちづくり」による地域再生

(1) 「福祉まちづくり」の構想

前節の事例でもみたように、地方分権下、なかでも合併後地域での地域福祉の推進は、地区（地域）の〝まちづくり〟のなかの一分野として取り組まれている。地域福祉の活動は、もはや行政や社協のみが中心になるのではなく、地区の住民代表、福祉関係者、NPOなどが参加した新たな仕組み＝「地域自治組織」の基に行われている。地域福祉（支え合い）は、「地域自治組織」を構成する部会の活動として、地域の自治活動の一つとして取り組まれている。一方で、行政は条例を制定して地域福祉の推進システムを構築し、こうした地域の自治的な福祉活動を支援する体制を築いている。社協は、こうした地域の自治につながる自発的な支え合いを促進し、地域の〝まちづくり〟とも連携して活動の推進を図ってきている。

こうした地域のまちづくり実行のなかでの地域福祉活動の推進を「福祉まちづくり」と捉え直すことができないだろうか。この「福祉まちづくり」は、地域福祉を一部関係者の狭い範囲に留めるのではなく、〝まちづくり〟という広い範囲に位置づけ直すことで、誰もが取り組める活動にすることをねらいとする。「福祉まちづくり」は、地域福祉（支え合い）を推進するエンジンとして位置づけられる。

この地域のまちづくりの一分野として福祉活動が取り組まれるとすれば、そこに新たな展開の可能性が生まれよう。「まちづくり実行組織」は、活動分野ごとの部会に分かれて活動する。部会同士が相互に連絡をとり合うことで、情報と人材の交流が行われる。また、相互に協働した取り組みが可能となる。この相互交流・協働が〝まちづくり〟のもつ最大の効果である。福祉の活動及び行事も当然のことながら他の分野との連携・協力の基に行われる。これは福祉が〝特別から一般の活動へ〟と拡がるきっかけを与える。分野をまたがるまちづくりの総合的な取り組みの成果がそこに期待される。地域福祉の活動が、分野の枠にこだわらない協働・連帯の共通の土俵の上で行われるならば、それを「福祉まちづくり」と称してもよいのではないか。または〝福祉のまちづくり化〟と言うこともできよう。これは地区を基盤とする地域福祉の新たな展開・推進といえよう。

(2) 「福祉まちづくり」の推進体制

こうした「福祉まちづくり」の推進体制は、次の点に考慮して構築される。

① 「地区福祉計画」の進行管理の仕組みづくり

地区の「福祉まちづくり」を推進する効果的な手段の一つが「地区福祉計画」である。先の事例にもみるように、「まちづくり実行組織」は、その計画の水準は別として「地区福祉計画」の検討と策定を行うことが可能である。また、その福祉部会等が中心になって地域の福祉活動を実施してきている。「まちづくり実行組織」は、計画の策定のみならず、その実行及び進行管理を担う組織としての可能性をもっている。

しかし、「まちづくり実行組織」自体に、本当に自らの策定した計画の進捗を進行管理、マネジメントし、さらにその達成状況に基づき評価することは可能だろうか。評価に基づきさらなる課題及び原因を抽出し、目標を再び立ててその課題解決に取り組むことができるだろうか。この点をどう取り組むかが明確にならないと、計画は策定後振り返られることなく終わる。また、計画に定めるそれぞれの目標は次第に忘れ去られ、地域の活動自体が停滞する。これまでの活動を見直す機会も損なわれる。

こうした点から、「地区福祉計画」の進行管理には、その視点及び進め方、プログラム作成などの点で行政の支援が必要となろう。また、一定期間の後に計画内容の進捗をチェックかつ評価し、現状及び課題の検討・分析を行うための協議組織が地区のなかに設けられてよい。その進行管理を行う組織として「まちづくり実行組織」の福祉部会などは有効と言えよう。このように、行政と地域住民とが一体となった「地区福祉計画」の実行及び進行管理の体制を設ける必要がある。

②地区コーディネート機能と拠点

「福祉まちづくり」の推進において課題になるのが、人材および資源の発掘と調整である。この課題が個人の活動レベルに留まらず、組織及びグループのレベルで存在する。こうした人材を発掘する、また、資源さらには活動間に生じる問題を調整する役割を担うのがコミュニティ・コーディネーターである。地域まちづくりの推進において、コミュニティ・コーディネーターは、地区での関連組織やグループの相談と調整、情報や人材の交流、新しい資源の開発などに取り組むことになる。

この人や資源を調整しつなぐコーディネート機能とともに、地域のまちづくり活動には拠点が必要になる。気軽に集まり活動できる場所、情報交換のできる場所、相談・支援ができる場所となるような拠点である。このコーディネート機能（人）と拠点（場所）が、「福祉まちづくり」推進の要件となろう。しかし、このコーディネーターの人材と拠点の場所が、地域住民の間から自然に出てくることはむずかしい。ここにも行政の支援が必要となる。当初は行政職員がコーディネート機能を先導しても、次第に住民の間にこれを担える人材をつくり引き継いでいくことが検討される。このコミュニティ・コーディネーターを制度として設置し、地域の福祉活動を促進する自治体も出てきている。活動の拠点については、民間の施設等を活用して、その管理を地域住民に委ねるまでの行政の初期投資が同じように求められよう。

③財源づくり

財源としては、共同募金の配分金の活用があげられる。法の規定を見直すなどして、募金の配分金をその集めた地域のなかで柔軟に活用できる仕組みが検討されよう。一方で、「まちづくり実行組織」がどのように自主的に活動の財源を生み出すかが課題となる。まちづくりが住民からの会費や寄付金のみに頼るのには限界がある。コミュニティビジネスなどにつながる活動を起こしながら、まちづくり資金を生み出す取り組みや工夫が求められる。こうした取り組みは各地で様々に試みられている。しかし、地域の人材や資源等が整わなければなかなかうまくいかないのが実情である。こうしたことからも、実行組織の活動に対しては何らかの社会的支援は必要となろう。例えば、宮崎市では、「地域コミュニティ税」を創設して、その資金を「地域自治地区」等の組織（「地域まちづくり推進委員会」）を対象に活動交付金として支出している。(6)

このような地域に回せる資金を、行政が制度として、地域の協力を得ながら一定の仕組みの基に生み出すことは検討されてよい。市町村レベルでの恒久的な財源確保の取り組みである。ただ、その資金集めと運用を次第に、かつ着実に市民の手へと委ねていくことが課題となろう。

④地域まちづくりの強化

「福祉まちづくり」は地域のまちづくりの一分野として取り組まれる。このため「まちづくり実行組織」をうまく機能させることがその前提となる。地域の「まちづくり実行組織」が行政（支所）との協働に基づき、計画を実行し、かつ進行管理していく過程では、地域での独自サービスや活動を自ら決定し実施できるかどうかが問われよう。そこでは、自治体内で地区の行政単位に一定の権限を委譲できるかどうかが論点となる。しかし現実には、「まちづくり実行組織」に業務を移譲することが中心に行われている。この場合、実行組織がＮＰＯなどの法人格を取得し、これへの行政からの業務委託が行われる。また、指定管理者制度を活用して行政施設の管理運営が移管される。この方法はある意味「民間への分権」(7)とも捉えられよう。一方、恵那市の事例のように、まちづくり組織に補助金を一括して支出し、その財源のなかで地域が独自事業に取り組む形態もある。この場合も、行政業務の権限委譲ではないが、まちづくり助成という形での行政の関与はなされている。また、地域活性化の視点から、地域まちづくり事業への行政の支援は今後も引き続き必要となろう。

⑤中間支援機能の構築

「福祉まちづくり」は、地域の福祉サービスや活動を地域の特性に合わせて調整し推進する取り組みでもある。しかし、多くの市町村、なかでも中山間地の自治体は、財政難のなか資源のサービス供給に限界を来たしている。また、地域住民相互の支え合い活動は、支え手の不足により十分に機能しなくなっている。こうした環境下で、地域での一人ひとりの生活を継続・維持できるよう保障することが課題となっている。この地域での生活の維持等保障の役割を中心になって担うのが、地域の社協である。市町村社協は、地域住民の戸別会費より成る最も身近な民間の福祉推進団体であり、地域の福祉（助け合い）活動を組織化し支援することをその設立目的としている。また、地域の福祉活動は、社協との関係の下に何らかの支援や協力を受けて行われてきている。社協は、地域の福祉活動における中間支援組織としての役割を果たしている。「福祉まちづくり」推進においてもその基本的役割は変わらない。他分野の活動を担う組織や団体との間で、福祉推進の立場から調整と連携を行い、地域の支え合い活動を支援し活性化する役割を負っている。こうした福祉の分野で中間支援機能を担う社協の役割を見直し強化する方向がとられてよい。

しかし、多くの自治体では、社協も行政と同じように財政難の状況にある。また、合併後の自治体では、社協自体が旧町村に合わせて統廃合される事態が起きている。社協の存亡をかけて、地域まちづくりのなかでその役割と機能を発揮することが求められている。「福祉まちづくり」は社協を中核に、多様な関係主体との間でその支援・調整機能を活用しながら推進していくことが必要となろう。

(3) 地域自治の基盤構築へ向けて

今の地方分権社会に対応する「福祉まちづくり」を構想し、その推進体制と今後の課題を検討した。「福祉まちづくり」は、地域住民を中心とした民間の多様な主体と行政が協働して、その実現へと取り組むことがこれからの課題である。今後の実際の地域の取り組み事例のなかに、その具体的な実現を追究することが求められる。

おわりに、最初の問いである地域福祉（支え合い）は地域再生の基盤となり得るのかについて、これまでの検討を通したなかから、その見解をまとめてみたい。「福祉まちづくり」は、どのような前提や条件の下で地域の再生へとつながることができるだろうか。

①地域の支え合いと自治活動

地域の支え合いとは、地域での生活の継続を可能にするための仕組みと言ってよい。地域の福祉活動はその仕組みをつくる行為そのものである。それではこの地域の支え合いはそのまま地域の再生につながるのか。地域の再生は、合併後地域の取り組みからもわかるように、地域に自治の基盤のあることを前提とする。また、この自治の基盤をつくること自体が地域再生の条件ともなろう。自らの暮らしをその住まう場所（地域）で自ら守り、さらに定着させていくための取り組みや行為がなければ、そもそも地域の再生へとつながらないのではないか。

こうした前提から捉え直すならば、地域の支え合いは、どのようにすれば地域に自治の基盤を築くことにつながるのだろう。

地域の支え合いの担い手は誰であろうか。その中心となるのは地域に暮らす住民である。この住民の身近な支え合いを行政、社協、関係施設・機関、NPOなどがネットワークを組んで支えることが基本となる。この地域の支え合いは、住民間の自発的な支え合いの意識とその活動に依拠している。支え合いは住民のボランタリーな主体性に委ねて構想されてきている。しかし、住民の主体性に依拠するだけでこれを形成し、さらに維持できるのであろうか。地域の支え合いには、その構成員の関係性の維持と、何よりも人的な資源の維持や確保を必要とする。この関係性の維持と人的資源の確保がむずかしい地域は、中山間地に限らず都市部にも認められる。そのための支援を含む新たな仕組みを検討する必要がそこに生じる。

②地域まちづくりとの連動

一方、合併後の中山間地域では、旧町村行政の撤退した後の自治の空洞化に対処するため、「地域自治組織」による地域の自治を維持する取り組みが進められている。これは合併によって一度火の消えかけた地域の自治を維持または再生しようとする試みである。こうした地域では、「地域自治組織」を基盤とした住民主体による〝地域まちづくり〟が多く進められている。このような自治組織による地域まちづくりの取り組みは、都市部のつながりが希薄化した地域でも再度見直されてよい。そして、こうした地域まちづくりの動きと、課題とする地域の支え合いは積極的に連動していく必要がある。

しかし、これまでの検討からも、地域の支え合いはそのままでは地域自治の基盤形成へとつながらない。地域福祉（支え合い）を地域自治へとつなげるためには仕掛けが必要である。これまでの地域福祉推進のシステムに代わる、あるいはこれを補強し新たに展開させる仕組みが求められる。その仕組みが「福祉まちづくり」に他ならない。「福祉まちづくり」は、福祉（助け合い）を地域まちづくりへとつなげ連動させる手立てである。

「福祉まちづくり」は地域まちづくりの一分野として取り組まれる。この地域まちづくりは、その個々の活動自体が地域の自治基盤の形成へと直接つながる取り組みである。そのうちの福祉の活動を特定の活動ではなく、まちづくりの場における様々な人材をその交流と協働を通じて巻き込み、普遍的な活動として取り組み、かつ根づかせるための転換が「福祉まちづくり」のねらいそのものである。そして、何よりも「福祉まちづくり」の目標は地域の支え合いの構築とその継続、発展にある。

こうして、地域の支え合いは、「福祉まちづくり」の取り組みを通して地域自治の基盤構築へと結びつく。この地域自治の基盤が構築されることが地域の再生へとそのままつながる。こうして地域の支え合いは地域再生の基盤となり得るのである。

③地域再生への試み

こうした視点から、先に紹介した各地の事例をみた場合、どうであろうか。これらの事例は、地域の支え合いを基に地域自治の基盤を形づくろうとする取り組みであり、さらにそのことを通して地域の再生へとつながる取り組み＝試みであることがわかる。「地域自治区」制度に基づく地域自治推進システムを構築したなかでの、地区の福祉（助け合い）活動（恵那市）、条例を活用した自治体の福祉行政の確立と、これを実践する社協の民間ネットワークを基盤とした地域の福祉推進システム（豊中市）、社協の住民の自発性を引き出し〝共助〟の実現をめざす活動支援と、地域のまちづくり活性化へと連動していく動き（伊賀市）は、地域に自治の推進システムをつくることのなかに地区での身近な支え合いを創り出すことを、また一方で、地区の支え合い（共助）から起こして「福祉まちづくり」へとつなぐことをねらいながら、それぞれ地域に自治の基盤を根づかせようとしている。そうした取り組みの先に地域の再生を実現しようとする社会的実験（試み）に他ならない。しかし、地区での支え合いを基に地域に自治がどの程度根づいたか、また「福祉まちづくり」が地域の自治を形づくったかどうかは、時間を追いながら評価する必要があろう。また、自治は内発的なものであれば、その担う地区それぞれが判断することでもある。

これらの事例は地域自治へと、地域再生へと取り組む先行事例であり、ここでとられる方法や仕組みは他の地域でも活用は可能であろう。

(4) 地域自治の基盤を構築する「支え合い」とは

①「新たな支え合い」の限界

地域福祉（支え合い）を〝地域社会を再生する軸〟と位置づける、国の「これからの地域の福祉のあり方に関する研究会」の報告には、この地域自治の視点が見当たらない。地区での福祉活動の推進体制をどうするのか、どこが中核となって地域での福祉を維持し推進するのか、その方向が十分に示されていない。その中核となることが期待される社協は、ガバナンスを形成するＮＰＯと同等の位置づけで、その「新たな支え合い」の構築に向けて果たす役割や機能は明確でない。地域住民の主体的な支え合い関係の構築と、これへの行政さらに民間の多様な関係主体による連携・支援を並べるだけで、これらをどう地域の再生に結びつけるのかのプロセスが示されていない。これでは地域は再生できるとはとても言えない。

地域の再生は、自治の基盤を創り出しこれを維持することが基本である。地域福祉の推進は、地域自治の基盤を築くことを通して、地域再生へとつながることが可能となる。この地域自治の基盤を築き強化する以外に、地方分権社会における地域の再生は見通しが立たない。

②「支え合い」の計画的再生

それでは地域自治の基盤構築へとつながる「支え合い」とはどのようなものだろうか。地域の支え合いとは、地域での生活の継続を可能にするための仕組みである。それは地域に根ざして生活するということに基づき、その場所での生活を継続維持するための条件と基盤を形づくることである。「支え合い」は自らの生活をその居住する地点で守り、かつ向上させていく営みに他ならない。つまり、「支え合い」は地域の自治を形づくることにつながる取り組みである。福祉（助け合い）とは生活に直結する分野であり、その意味で内発的であり、その生活の維持・改善・向上に取り組むことは、地域での自存自衛のための取り組みを意味する。福祉は本来が地域自治の活動そのもののはずである。

しかし、この内発的であるはずの「支え合い」の活動がうまく機能しない。国民の価値観やライフスタイルの変化などにより支え合いは社会全体で希薄化している。都市では孤立化が著しく進み、中山間地では、合併による自治体の撤退などによってそれ自体を構築できない事態にある。この「支え合い」を再構築することが今や現代社会の課題ともなっている。しかし、これが自然の状態のままではうまくいかない実態がある。そこで、「支え合い」をもう一度人工的に、あるいは梃子入れして創り出すことが行われる。行政の手による再構築が行われる。支え合いを地域自治の基盤構築へとつながる方向で、地域のまちづくりと一体となった「福祉まちづくり」の活動として計画的に再生することがめざされよう。

③地域福祉計画の活用

この地域の「支え合い」を、地域福祉計画を活用して再構築することを改めて提起したい。この地域福祉計画は法定された「市町村地域福祉計画」の計画事項に拘束されない。地域自治の基盤構築へとつなげる仕掛けを組み入れた新たな計画として、その策定に取り組み直すことがめざされる。

地方分権社会における地域福祉計画の目標は、地域での暮らしの継続を可能にする「支え合い」の仕組みを構築することであり、これを「福祉まちづくり」によって実現する取り組みや工夫を構想すること、さらに「福祉まちづくり」そのものを仕掛け推進することである。

新たな地域福祉計画の基本的な内容は、次のようにイメージできよう。

それは〝地区〟を対象エリアとする。この地区において、生活課題を抱えて潜在化するニーズを掘り起こす仕組みを検討し構築することを基本とする。行政との連携・協働の基に、民生委員を中心に地域の協力者との間で連絡支援のネットワークをつくる。これとともに、近隣の身近な支え合いの仕組みづくりを行う。ボランティア、リーダー養成、コーディネート、資金づくりなどの支援を用意し実行する。さらに、専門関係者からなる支援のネットワークをつくり、この身近な支え合いを外側から支える体制を整える。次に、多世代間の交流を生み出す機会や仕組みを設ける。高齢者、青年、子ども等の異年齢同士の交流の機会を創り出し、この相互支援の状態のなかから次の担い手づくりを行う。そして、この交流に基づく協働をねらって、他分野のまちづくりとの連携の取り組み、協働事業を企画・構想する。支え合いを地域まちづくりのなかで活性化する方向で「福祉まちづくり」を展開する。最後に、実現体制は、地区に自治組織が存在し機能していることを前提とする。地域まちづくりを推進する組織がこれに相当する。その実行を行政が協働するなかで支援する体制を構築する。

このように、これからの社会における「支え合い」は目標を掲げるだけでは実現しない。それは実現へ向けての手立てやプロセスを、計画を策定するなかで検討し提示して、この計画に基づき実践的に取り組むことで実現される。「支え合い」の再構築を通した地域自治の基盤構築、そして地域再生はこうして可能となろう。

注

(1) 横浜市では、二〇〇八年度からモデル地区を指定して、自治会やNPO法人、社協、民生委員のネットワークを設け、①独居老人の所在を把握を含む訪問活動、②高齢者が食事や会話を楽しめる場所の開設や運営などに対して、各地区に二〇〇万円を上限に事業費を支援している。(神奈川新聞二〇〇八・五・一九)

(2) 一九九〇年代後半以降、福祉のまちづくり条例及び福祉推進条例等で、合わせて市町村地域福祉計画を策定する基礎自治体は、筆者の調査した範囲で三三自治体を数える。

(3) 勝部麗子「コミュニティソーシャルワーカーの専門性と地域福祉の創造的展開」『コミュニティソーシャルワーク』二号、二〇〇八年一二月、二〇ページ。

(4) 原田晃樹「はじめに～本報告書の策定趣旨」厚生労働省未来志向研究プロジェクト『「福祉後見サポートセンター」設立研究事業平成一六年度報告書』二〇〇五年、一ページ。

（5） 伊賀市社会福祉協議会編『社協の底力―地域福祉実践を拓く社協の挑戦』中央法規、二〇〇八年、五五ページ。
（6） 宮崎市では、二〇〇九年度から「地域コミュニティ税」を創設している。これは一人あたり年額五〇〇円を市民税均等割超過課税として課税し基金として積み立て、これを地域自治区に組織された地域まちづくり推進委員会、及び合併特例区に活動交付金として交付している。
（7） 岩崎恭典「「基礎自治体」と自治体内分権」『月刊ガバナンス』八八号、二〇〇八年八月、二六ページ。

参考文献

これからの地域福祉のあり方に関する研究会報告『地域における「新たな支え合い」を求めて―住民と行政の協働による新しい福祉―』二〇〇八年三月。

厚生労働省社会保障審議会福祉部会『市町村地域福祉計画及び都道府県地域福祉支援計画策定指針のあり方について（市民一人ひとりの地域住民への訴え）』二〇〇二年一月。

牛山久仁彦「市町村合併と地域自治―地域自治区制度の現状と課題」明治大学政治経済研究所『政経論叢』第七七巻第三・四号、二〇〇九年三月。

木下聖「地域福祉計画の進行管理システム構築へ向けた課題と実践―恵那市地域福祉計画における地区別構想の検討の事例から―」中部学院大学・中部学院大学短期大学部『研究紀要』第九号、二〇〇八年三月。

恵那市地域自治区地域協議会連絡会議・恵那市『恵那市地域自治区活動事例発表会』資料、二〇〇九年七月。

小田切徳美『農山村再生「限界集落」問題を超えて』岩波ブックレット、七六八号、二〇〇九年。

財団法人東北開発研究センター監修「地域コミュニティの支援戦略」ぎょうせい、二〇〇七年。

第四章　現場に見る地域再生の可能性

――カギ握る理念の確立

牧瀬　稔

市民協働で進めている花ロード美女木（戸田市提供）

1　意気消沈する地域の現状

①疲労感が蔓延する地域の実情

地域の疲労が確実に進んでいる。地域が疲労し衰退していく状況は様々な角度から確認できる。例えば、企業倒産や工場移転に伴う失業者の増加がある。そして雇用が縮小する地方圏から、雇用がある都市圏への若年層を中心とした人口移動が進んでいく。

一方で、商店街のシャッター通り[1]に象徴される商店数の減少により、地域活力の減退や地域コミュニティの喪失も報告されている。図1を概観すると、一九八八年から二〇〇七年にかけて、小売業全体の商店数は約三〇ポイントの減少であるが、商業集積地区[2]の商店数はおよそ四〇ポイントも減っている。すなわち図1から、段階的に商店街が衰退してきた様子が見てとれる。

さらに一部地域は「限界集落」[3]という言葉に象徴されているように、地域を維持できない可能性も指摘されている。二〇〇七年八月に国土交通省と総務省が共同で実施した「国土形成計画策定のための集落の状況に関する現況把握調査」によると、六五歳以上の高齢者の割合が五〇%を超える集落の数は七八七八に達することが明らかになった。そして、その集落の中で「一〇年以内に消滅」する集落は四二三となり、「いずれ消滅」する集落は二二二〇と予測している。同調査により、

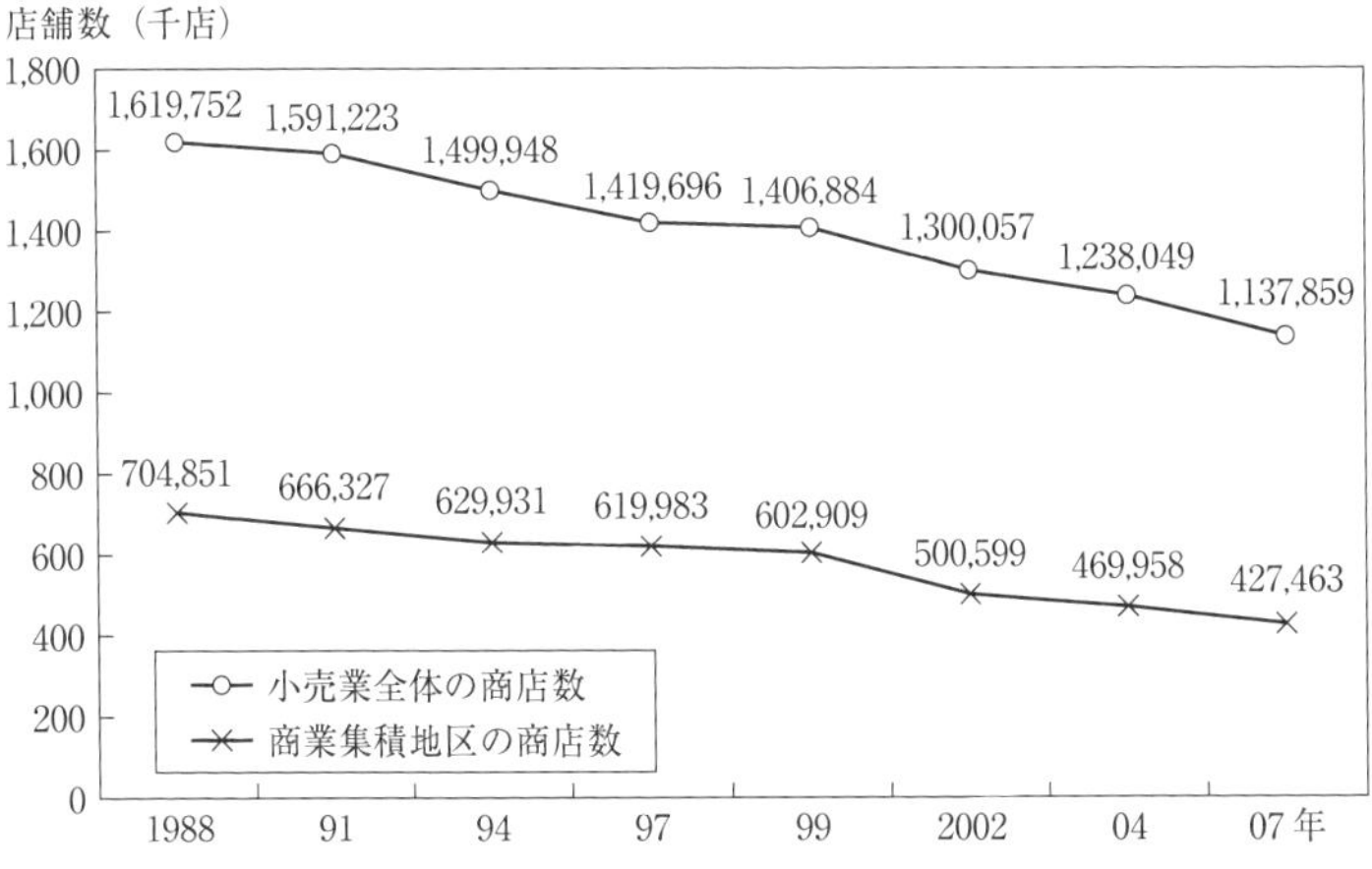

資料：経済産業省（各年次）「商業統計表」.

図1　わが国における商店数の推移

限界集落の厳しい現実が明らかになった。

そのほか、地域を襲う問題は枚挙に暇がない。今、改めて指摘するまでもなく、様々な問題が地域を襲いつつある。このように厳しい現実に直面している状況を目の当たりにすると、「どこに、次の地域発展のきっかけを見出せばよいかわからない」というのが現場の声ではないだろうか。

②様々な主体が地域再生に取組んできたが……

もちろん、今まで、地域を襲う様々な問題を放置してきたわけではない。国や地方自治体、そして地元住民を中心として、地域再生[4]の取り組みが実施されてきた。また、シンクタンク業界も様々な見地から地域の再生に取り組んできた。そして昨今では、ＮＰＯ法人（ＮＰＯ団体）や大学に加え、信用金庫などの新しい主体も地域再生の取り組みに参加しつつある。現在では、それぞれの主体が創意工夫を凝らして地域再生を進めている最中である。

今日、多様な主体が地域再生を実現しようと動いている。そこで本章は、それぞれの主体の取り組みについて意義や限界について検討する。一方で、地域再生の活動が大きな潮流になっていない現状もある。この「地域再生の活動が大きな潮流になっていない」という表記に対して異論・反論があると思われるが、少なくとも、そのように捉えることができる。そこで、この原因について、見解を示していきたい。

2　地域が衰退した原因

まずは地域が衰退していく原因を考えてみる。その理由は様々な角度から考察できるが、ここでは三点に絞り言及する。なお本章第四節においても、再度、地域を衰退させた要因について言及している。

①国や地方自治体の失策

第一に国や地方自治体の失策があげられる。国土交通省の『平成一七年度国土交通白書』は、「都市部、地方部に関係なく、郊外化の進展等に伴い、居住地域と職場・学校等が分離し、主に昼間における地域とのかかわりが少なくなっている」ことが地域衰退の原因であると指摘している。

この「郊外化」をつくりだした一つの要因が、二〇〇〇年に施行された「大規模小売店舗立地法」である。

同法は交通対策、騒音対策、廃棄物対策などの基準をクリアすることで大規模店舗の出店を認めるという趣旨である。同法により大規模店舗の出店規制が廃止されることになった。その結果、相次いで郊外に大規模店舗がオープンすることになり、同時にこれを勝機と捉えた欧米などの有力スーパーも日本への進出を積極的に開始し、郊外に大規模店舗が相次いで登場することになる。その結果、地方圏の商店街は大きな負の影響を受け、商店街のシャッター通りが拡大していくことになった。また、郊外の大規模店舗に気軽に買い物に出かけられない高齢者などが行き場を失うという問題も出てきた。

同法の目的は「大規模小売店舗の立地に関し、その周辺の地域の生活環境の保持のため、大規模小売店舗を設置する者によりその施設の配置及び運営方法について適正な配慮がなされることを確保することにより、小売業の健全な発達を図り、もって国民経済及び地域社会の健全な発展並びに国民生活の向上に寄与する」(第一条)とある。しかし、ここで記されている「国民経済及び地域社会の健全な発展並びに国民生活の向上に寄与する」とは必ずしも合致しない状況となってしまったようだ。この事例は、国の失策と指摘することができる。

また国に限らず、地方自治体の様々な取り組みも、必ずしも効果を発揮しているとは限らない。効果を上げるどころか、負の結果を導出する事例も少なくない。例えば、現在地方自治体は地域を活性化しようと、積極的に企業誘致を進めている。しかし日本国内を限定とした企業誘致であるため、ある地方自治体が企業誘致に成功すると、別の地方自治体は企業を移出させることになる。すなわち、ゼロ・サムゲームをしており、地方自治体同士消耗戦に巻き込まれつつある。そしてその消耗戦の中に地域も巻き込まれ、翻弄されつつある。

国や地方自治体が効果的な地域再生を実施できない理由は、現場の実状を把握していないからである。ある映画で「事件は会議室で起こっているんじゃない！　現場で起こってるんだ！」というセリフがあった。地域を襲う様々な問題は現場にいかないと何も把握できない。現場で問題を的確に把握できなければ、実効性のある解決策も提案できない。国や地方自治体が考える政策は、現場の動向を体感していないところに問題があり、その机上の政策が地域を衰退させていく理由になっていると言える。

②地域そのものに日常的な魅力がない〜そして魅力を創る努力もない

第二に地域に日常的な魅力がないことも指摘できる。商店街を事例に「日常的な魅力がない」事例を紹介したい。ある地方都市で懇親会に参加した後、某自治体の職員が発した言葉が印象に残っている。それは「懇親会お疲れ様でした。これから帰ります。その途中で、×××（郊外の大型ショッピングセンター）によって行きます」と言うものである。ちなみに、この言葉を発した職員は、中心市街地の活性化が担当業務となっている。その業務を担当している職員ですら、中心市街地の商店街にはよらず、郊外の大型ショッピングセンターに行くと言う。

そこで「中心市街地活性化を担当しているのだから、商店街で買い物して帰ったらどうですか」と尋ねると、その職員は「欲しい商品はないし、そもそもこの時間（午後一〇時）はやってない商店が多いし……」という回答であった。ちなみに、この発言の前半にあった「欲しいものがない」に対して、うなずく何人かの職員もいた。この発言から垣間見られることは、商店街は、地元住民のウォンツを満たしていない事実である。つまり、既存の商店街は魅力がないのである。

商店街の活性化に取り組む自治体職員の中でも、正直なところ、商店街に魅力を感じていない自治体職員は多いと思われる。自治体職員に限らず、実は多くの人が既存の商店街に魅力を感じていないのではないか。このことはいくつかの調査でも明らかになっている。

例えば、二〇〇九年七月に内閣府は、「歩いて暮らせる街づくりに関する世論調査」を実施している。同調査の結果によると、四〇・六％が「商店に魅力がない」という結果となっている。次いで「にぎわいが感じられない」が三二・一％であり、「鉄道やバスなど公共交通機関の利用が不便」が二九・四％と回答している。商店街に魅力がなくなりつつある理由は、人々の消費性向の変化に加え、その変化しつつある消費性向を的確に捉えない個々の商店の努力不足もあるのではなかろうか。

しばしば指摘されることであるが、今まで魅力のない商店を経営していても「食べていける」現状が地域衰退の一要因であると考えている。地方圏の商店街をヒアリング調査してまわると、たと

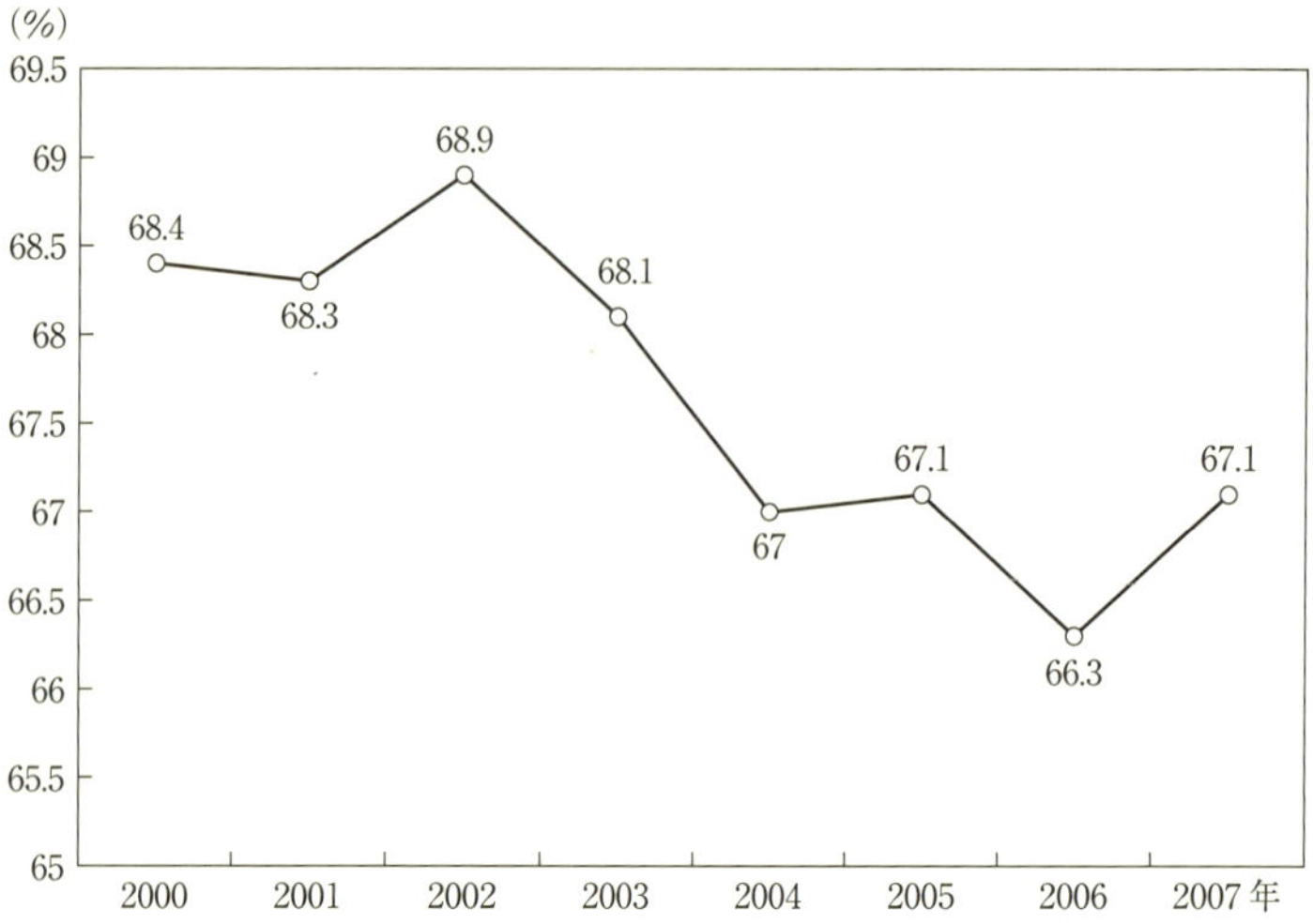

資料：国税庁「会社標本調査」.

図 2　わが国における欠損法人の割合の推移

え赤字経営をしていても食べていける状態にあることが少なくない。この実態を証明する資料はないが、一つの視点として図2が参考になる。図2は欠損法人の割合の推移であるが、実に七割近くの法人が赤字を出し続けている。約七割の法人が赤字を出しているのにもかかわらず、日本経済は末期的な状況に陥っていない。すなわち、極論の域をでないが、赤字を出し続けても「食べていける」現状が経済を活性化できない原因ではなかろうか。この事例を商店街に当てはめると、赤字をだしても経営できてしまう商店の心持ちが地域を衰退させていく一つの理由と捉えることができる。[5]

また、なんとなく「食べていけている」と実感している商店（主）の多くは、その地域から出た経験がほとんどない点が共通している。その結果、「他地域（の同業種）と比較する」という視点が乏しい。そのため、住民のウォンツを把握した商店経営を実施する意識が乏しいように感じる。さらに少なくない商店は「今まで食べてこれたのだから、これからも食べていける」と漠然とした期待を抱いている場合も少なくない。そのような状況においては、国や地方自治体が様々な施策を実施しても、まさに「笛吹けど踊らず」という状態になってしまっている現状があるのではなかろうか。

③雇用減少と地域減退は関係性がある

地域を衰退させる三つ目の理由として、地方圏から都市圏への人口移動があげられる。昨今は不況のため人口移動が停滞しつつあるが、総務省の「人口移動調査」によると、二〇〇九年は東京都、千葉県、神奈川県など一〇都県で「転入超過」となり、北海道、福島県、青森県など三七道府県が「転出超過」となった。

人口が地方圏から都市圏に流れる大きな要因は、「雇用がない」という切実な事実にある。かつて筆者は青森県下北地域県民局の委託調査[6]で、青森県下北地域（むつ市と下北郡（東通村、風間浦村、大間町、佐井村）の町村）に通う高校生（三五七名）を対象にアンケート調査を実施した。高校生に対して、「高校卒業後は、この地域から転出しますか（下北半島からでていきますか）」という設問を投げかけた。その結果、七八・四％が「転出する」という回答であり、二〇・四％が「とどまる」という結果であった（無回答は一・一％）。そして「転出する」と回答した高校生の理由の多くは、①雇用が少ない、②進学先がない（大学がない）、という結果であった。

雇用がないから魅力がないわけであり、魅力がないから雇用が発生しないとも指摘できる。これは「卵が先か鶏が先か」という問題であるが、双方の問題がそれぞれ負の効果を与えていると指摘できる。この問題を解決する一つの手段は、地域のイメージやブランドを構築していくことが考えられる。例えば境港市（鳥取県）は、今日では、「妖怪のまち」や「鬼太郎のまち」という地域のイメージが形成されつつある。その結果、妖怪や鬼太郎を求めて、二〇〇八年は約一七二万人の観光客が訪れた。そして観光客の訪問により、地元企業をはじめ、境港市全体の活性化に大きく寄与し、雇用創出効果も大きいものがある。そして経済効果は一二〇億円と試算されている。境港市のように、何かに特化した地域づくりが大切である。まさに一点突破の地域づくりと指摘できる。

すなわち「あれもこれも」から「あれかこれか」への思考の転換であり、「選択と集中」をした地域再生の構築に取組む勇気が必要である。なお「一点突破」と指摘しているが、必ずしも一つだけに絞るという意味ではない。

地方自治体が持つ行政資源（ヒト・モノ・カネ）は限られている。その限定された資源を数少ない地域資源に投下して実施していくことが効果的である。すなわち、一つの（数種類の）地域資源に決断する勇気を指摘したい。ちなみに「決断」という言葉は「決」めて「断」つと書く。何かを断たなくては、決められないのだ。極めて奥の深い言葉である。

次節では地域づくりを進めていく新しい主体として、NPO法人や大学（大学生）の役割に注目して事例を取り上げる。

3　地域づくりを進める各主体の現状と課題

本節では、地域再生に取り組む主体の中でも、NPO法人（NPO団体）[7]と大学に限定して、地域再生の事例を踏まえながら紹介する。

①NPO法人（NPO団体）が取り組む地域再生

二〇一〇年一月現在で、特定非営利活動法人（NPO法人）の認証数は三万九二一七団体となった。図3はNPO法人の活動分野をみたもので示されている活動分野のほとんどが地域再生に該当すると思われる。しかし、ここでは便宜的に「まちづくりの推進を図る活動」に絞ることにする。

図3から理解できるように、現在（二〇〇九年一二月時点）では、「まちづくりの推進を図る活動」を中心に事業を展開しているNPO法人は一万六〇二三団体が認証されており、全NPO法人の四一・一％にあたる。実に多くのNPO法人が地域づくりや地域再生に取り組んでいることが理解できる。その意味では、NPO法人が地域再生にはなくてはならない存在になりつつある。

他方で、次のような疑問も生じる。それは「こんなに多くのNPO法人が活動しているのにもか

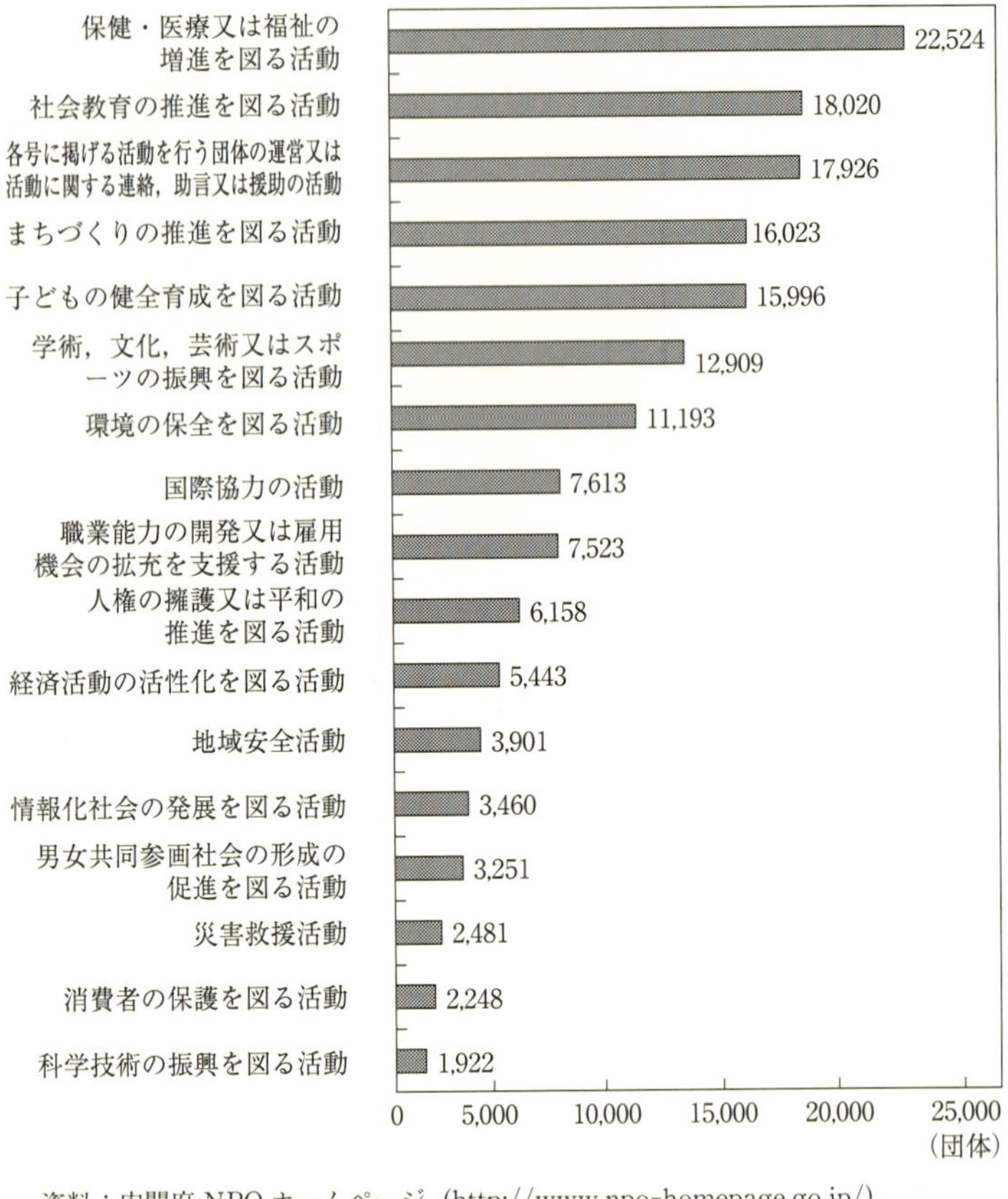

資料：内閣府 NPO ホームページ（http://www.npo-homepage.go.jp/）

注：1) 1 つの法人が複数の活動分野の活動を行う場合がある．

2) 上記の活動分野の中で，「情報化社会の発展を図る活動」「科学技術の振興を図る活動」「経済活動の活性化を図る活動」「職業能力の開発又は雇用機会の拡充を支援する活動」「消費者の保護を図る活動」は，改正特定非営利活動促進法施行日（2003 年 5 月 1 日）．

図 3　特定非営利活動法人の活動分野

かわらず、地域再生の成功事例が少ないのはなぜだろうか」というものである（もちろん、地域再生に真摯に取り組み、実績をあげているNPO法人も少なくない）。その理由は、近畿経済産業局の『近畿地域における地域経済活性化型NPO法人の活動促進及び連携促進に関する調査研究報告書』から垣間見ることができる。

同報告書は、地域経済活性化型NPO法人の問題点や課題として、持続的な活動に発展しないことをあげている。そしてNPO法人の活動が持続性を伴わない大きな原因として、資金面や人員体制の脆弱性をあげている。同報告書で明らかになった問題点や課題は、既に他の多くの文献でも指摘されていることである。NPO法人の資金面や人員体制が弱いという現実が改善されないことには、NPO法人が取り組む地域再生が軌道にのる可能性は低いだろう。

②社会的事業を進めるNPO法人まち研究工房

一般的にNPO法人は特定の地域を対象として活動する場合が多い。しかしながら、昨今では、一つの地域にとどまらず、様々な地域で地域再生に取り組むNPO法人も多く登場している。ここでは埼玉県戸田市に拠点を構える「NPO法人まち研究工房」（以下「まち研究工房」と称する）の取り組みを紹介したい。なお、戸田市は住民活動が活発な地域である。まち研究工房が活躍できる背景には、戸田市の地域性も少なからず関係している。

まち研究工房は、内閣府認証ではなく、埼玉県認証である。そのため当初は拠点を置いている戸田市内を中心に活動を開始した。

まち研究工房の設立目的を紹介したい。まち研究工房のホームページを開くと、「安全で安心して快適に暮らせるまちづくりを戸田市から始める非営利活動法人です。少子高齢化社会に対応し、地域の自然的・文化的資源を活かした安全・安心・快適な環境のまちづくりに貢献することを理念とし、行政・市民・企業等のネットワーク作りを担い、取り組みます」と明記されている。詳しい活動概要や活動実績などはホームページ(8)を参照していただきたい。

当初、まち研究工房は戸田市を活動の拠点として地域再生を実施してきた。主要な取り組みとして、長年にわたり、多機能コミュニティスポットとして「おやすみ処」を自主的に管理・運営し普及活動を展開してきた。この「おやすみ処」とは、街なかのデッドスペースをはじめ、使用されていない公共・民間の敷地の一角を有効活用し、生活道路の沿道におおむね一〇〇〜二〇〇m間隔で配置する簡易な屋外の休憩場・ふれあいの場である(写真)。

おやすみ処の大きさは一〇〜五〇平方メートル程度(平均駐車場二台分程度)であるため、街中の低未利用地を有効活用することが可能となる。この取り組みは社会的事業の一つと捉えることができる。ここで言う社会的事業とは、環境、福祉、教育などの分野において、経済性に加え、社会性や地域性を持ち、社会や地域の問題点や課題の解決に取り組む事業と定義することができる。(9)

まち研究工房の一連の活動の成果が認められ、二〇〇六年には、国の都市再生本部の「全国都市再生モデル調査(10)」において、「「おやすみ処」ネットワークモデル形成調査」を実施することになった[11]。

同調査の報告書には、おやすみ処の成果が明記されている。例えば、地域の中におやすみ処が普及され充実したことにより、地域の内包する公益機能が拡充され、付加価値の高い多機能コミュニティスポットが構築された。また何よりも、おやすみ処という休憩場・ふれあい場が街中に登場することにより、地元住民が歩いて暮らせる生活環境を創造し、人と人のつながりを基調とした街角文化も復活されつつある。そして、きめ細かい土地利用による景観形成と防犯・防災まちづくり[12]も実現されようとしている。まさに戸田市において地域再生に向けた萌芽が見られる。

取材を受ける「おやすみ処」（特定非営利活動法人まち研究工房提供）

③活動の舞台を広げるNPO法人まち研究工房

昨今では、まち研究工房は戸田市を飛び越えて、他地方自治体の地域再生の活動も展開しつつある。例えば、埼玉県杉戸町を舞台に「宿場町杉戸「五十市」復活社会実験調査支援業務」（国土交通省関東地方整備局）を実施した。同業務は東武動物公園駅周辺道路において、歩行者と自動車の分離を試行するとともに、歩道における溜まり空間を設置した。

二〇〇八年には、国土交通省の「「新たな公」によるコミュニティ創生支援モデル事業[13]」において、「友好都市の元気いっぱい農山村コミュニティづくりモデル事業」が採択された。同事業の主な舞台は、福島県白河市である[14]。つまり、埼玉県認証のまち研究工房の舞台が福島県に拡大したことを意味する。

同事業は、白河市の農山村の環境や資源の保全とともに集落住民の健康と生きがいづくりと元気なコミュニティモデルづくりを目的として、白河市の間伐材の利用や遊休農地の活用などによる地域活性化の構想を実践する具体的な連携事業を実施している。

まち研究工房は、戸田市での活動を契機として、杉戸町（埼玉県）、白河市（福島県）へ地域再生の活動の範囲を拡大している。また二〇〇八年には、まち研究工房の自主事業として、埼玉県小川町において「古民家の活用方向の検討調査」も実施している。同調査は、社会的事業の要素に加え、後述する大学（大学生）の活力をいかした内容ともなっている。

この「古民家の活用方向の検討調査」の概要を記しておきたい。小川町には、居住者がいなくなった古民家がある。そこで「地域を活性する起爆剤として、この古民家を活用することができないか」という問題意識のもと、大学の活力（大学生の視点）をいかしながら、有効的な活用を模索する調査である。また、この調査のポイントは、古民家の活用の方向性を検討していく過程に、できるだけ多くの地元住民を巻き込むことに主眼をおいている点である。

ここで記したまち研究工房の活動は特殊な事例ではない。昨今では、少なくないNPO法人（NPO団体）が地域（行政区域）の垣根を飛び越えて地域再生に取り組みつつある。

④大学（大学生）が取り組む地域再生

地域再生を進める一つの新しい主体として、注目を集めつつあるのが「大学（大学生）」の存在である。ほんの数年前までは自然科学を中心とした「産学連携」や「産学官連携」が大学の役割として求められる傾向が強かった。ここでの目的は、大学の「研究成果」を社会に還元することであり、必ずしも地域再生を目的とした思考は持っていなかった。

図4は主要四紙における「産学連携」と「産学官連携」という言葉の推移を示したものである。双方の言葉とも、一時期、隆盛を迎えたが、近年では悪戦苦闘の様子が理解できる。図4から、いままでは「産学連携」や「産学官連携」の限界が垣間見られるとも言えるのではなかろうか[15]。

昨今では、自然科学を中心とした「産学連携」や「産学官連携」という、大学の取り組みが行き詰まりを迎えつつある。そこで大学は新たな一つの方向として、地域に目が向きはじめたと捉えることができる。そこで昨今では人文・社会科学を中心に、「地域再生」という視点を内包した新たな取り組みが実施されつつある。

二〇〇七年に都市再生本部が実施した「大学と地域との取組実態についてのアンケート調査結

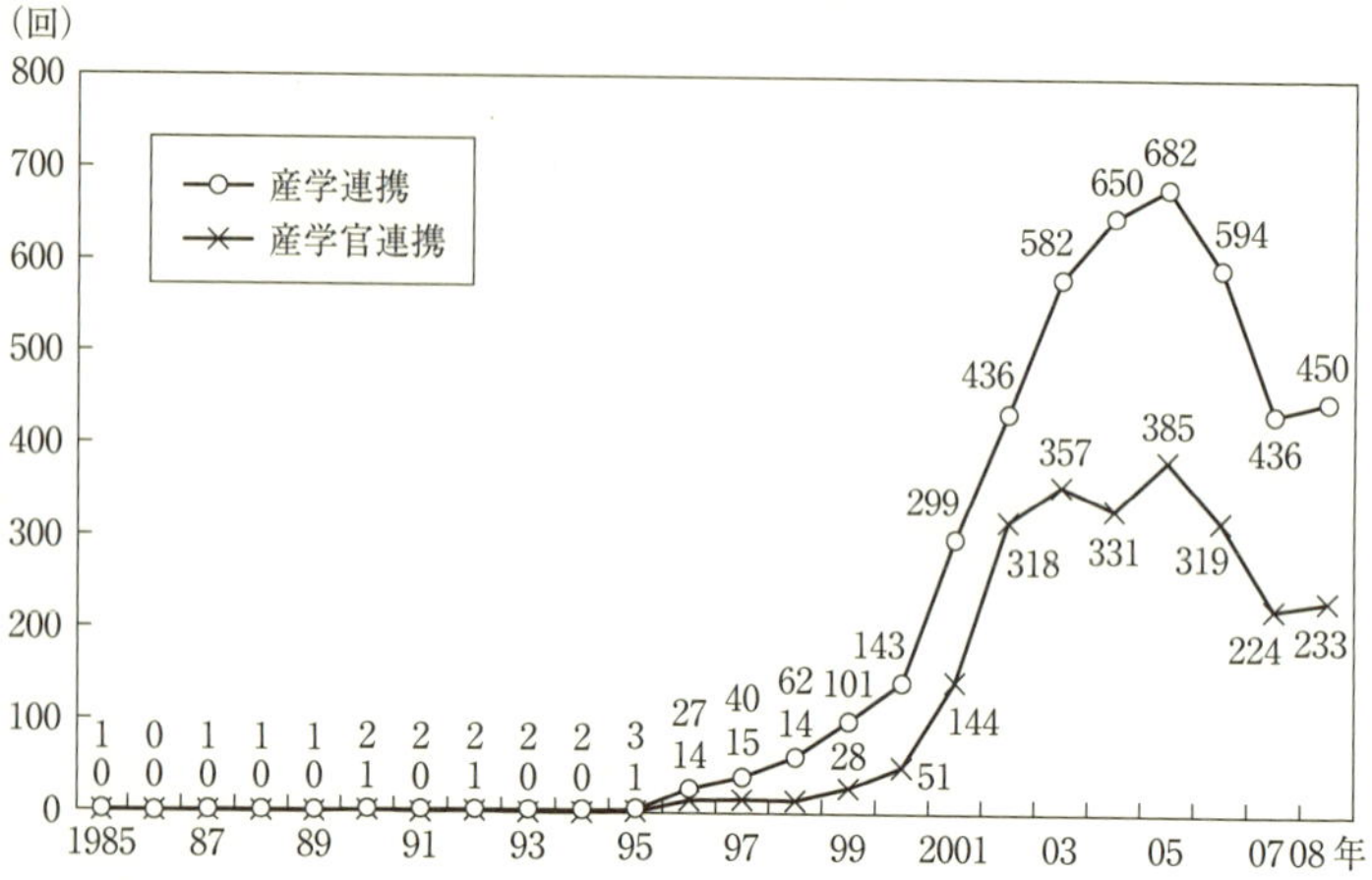

注：朝日新聞，産経新聞，毎日新聞，読売新聞の合計である．

図4　主要四紙における「産学連携」と「産学官連携」という語句の一年間の登場回数の推移．

果」によれば、地域（主に地方自治体）と大学が結ぶ協定が確実に増加していることが理解できる（図5）。

先に指摘した「産学連携」や「産学官連携」の取り組みは、研究成果の社会への還元であった。そして、ここでいわれる「社会」とは、往々にして「企業」を指していた。しかし、地域再生の視点に立つと、研究成果の社会への還元ではなく、「研究過程」への地域の参加ということになる。すなわち「一緒になって地域を再生していきましょう」という思考に重きがおかれている。この点を認識せず、大学の研究成果だけを地域に移転しようとすると、その地域再生は失敗してしまう。あるいは、一時的に成功しても、その地域再生は持続性が伴わない内容となってしまうだろう。

なお、ここでいう地域は、「地域を構成する

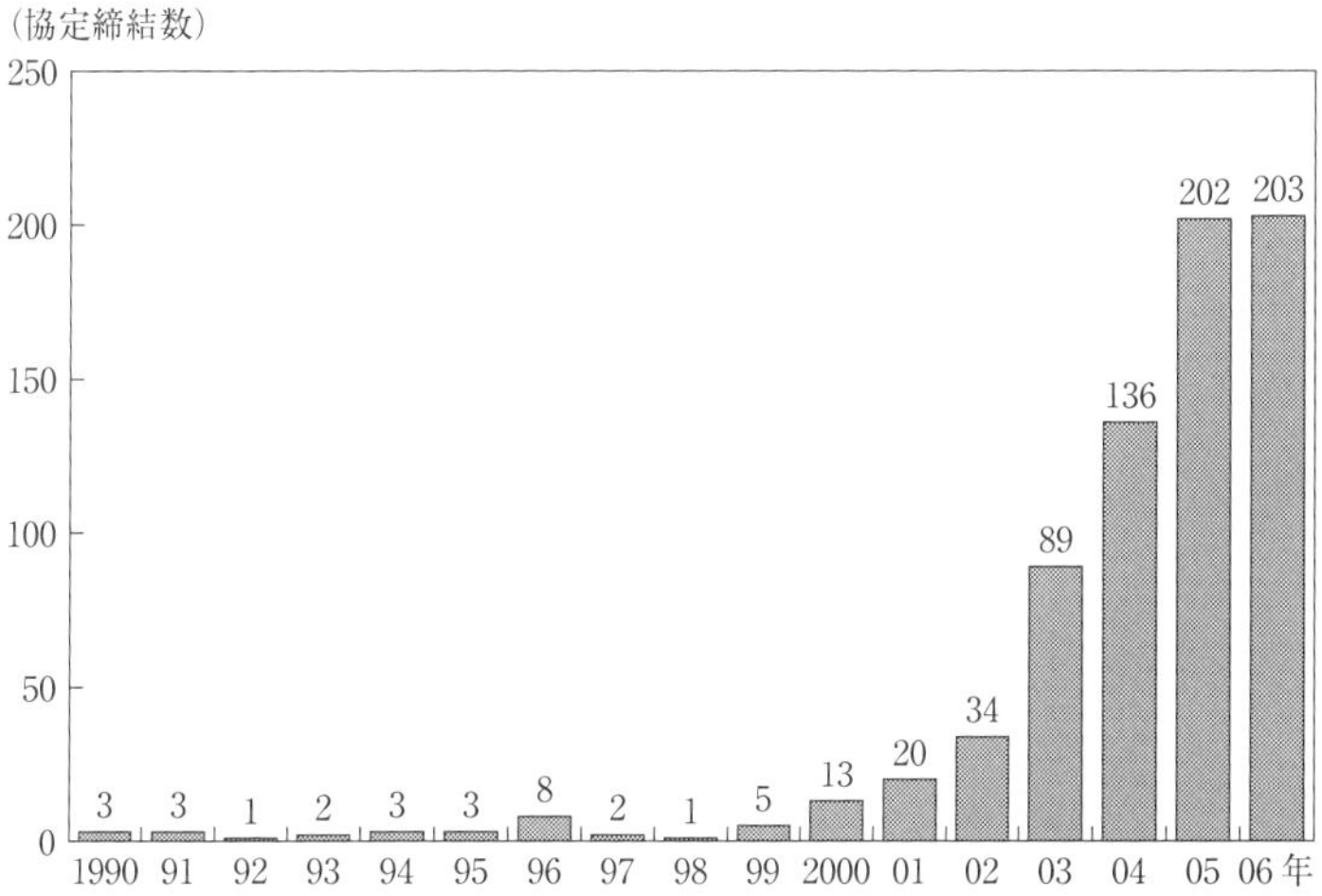

注：協定の名称には，大学との間に交わした事業に関する「協定書」以外に「契約書」「要綱」「覚書」「規約」「合意」「会則」「申合せ」「要領書」「宣言」「取決め」「意向書」のような名称も含む.

資料：都市再生本部（2007）「大学と地域との取組実態についてのアンケート調査結果」.

図５　協定締結のトレンド

主体であり、地方自治体や地元住民、事業者、ＮＰＯ法人（ＮＰＯ団体）などすべての利害関係者」と定義することができる。

⑤地域再生を進める大学と地域の事情

今日、地域と大学が連携を深める理由は様々ある。地域再生本部が推進した「地域の知の拠点再生プログラム」では、地域の再生に向けて、その核として大学の存在が重視されている。そして地域においては「人材・知識が集積する知の拠点である大学等と連携した地域づくりの推進が重要」と言及している。この点は地域からみた大学の役割である。

一方で大学から地域を捉えると、少子化における大学全入時代の到来により、大学は厳しい競争環境におかれている。その結果、大学は今まで以上に自己の存在意義を明確にし、地域貢献や地域連携に取り組むことが、大学の存在意義や価値を高めるために重要な要素になりつつある。この大学の地域貢献（社会貢献も含む）や地域連携といった活動は、「ＵＳＲ（University Social Responsibility）」と称されている。このＵＳＲとは「大学の社会的責任」とも言われる。すなわち、地域が持続可能な発展をするために、大学が地域の一員として果たす責任のことである。

例えば、明治大学と三浦市の事例がある。明治大学商学部が三浦市と連携し、明治大学の大学生たちが、神田地域の空き店舗を賃借し、三浦市の特産品の販売や観光情報の発信などを通じて、三浦市の発展を図っている。

この取り組みにおける明治大学の目的は、大学生は大学で学んだことを仕入れの現場などで実践し、人通りの少ない神田の商店街にアンテナショップを開くことにより、人の流れが変わったり、他の空き店舗に店が入ったりするといった効果や変化について調べることである。

一方で三浦市は、同市の情報を都区内で発信し、観光客を増やすことや、消費者が市についてどのような情報を求めているかを大学生が主体となり調査できる。三浦市にとっては、新鮮な海産物や野菜を売る店ができるメリットもある。

現在、地方分権や少子高齢社会の到来など、地方自治体をとりまく環境が厳しさを増しつつある。同時に課題解決に取り組むための人員も財源も限られている。三浦市はこの現状を打開する一つの手段として大学の活用を選択した。すなわち、地方自治体内部で不足する資源を外部から調達する方法を選択したのである。

⑥下北半島における大学（生）の活躍

今日、地域と大学の連携事例は枚挙に暇がない。その中で、青森県下北半島（むつ市と下北郡（東通村、風間浦村、大間町、佐井村）の市町村）と法政大学が中心になって実施された「首都圏の大学と連携した首都圏若者との交流推進調査」[16]を紹介する。[17]

同調査は、下北半島の自然・歴史・文化などの地域資源の発掘し、地域ブランド[18]形成に向けた取り組みにより、広域的な観光振興を図るため、首都圏の大学と連携した活動である。大学生による下北半島を首都圏の若者に売込むためのニーズやシーズの発掘が目的となっている。

その特徴は下北半島とは「関係のない首都圏の大学生」という外部の観点から、首都圏の若者層を下北半島に呼び寄せるための観光資源を発掘することにある。しばしば、地域活性化の視点として「よそ者」「わか者」「ばか者」という三要素が効果を発揮すると言われている。まさに大学生は、この三要素を備えている。なお「ばか者」とは、「(何も知らないからこそ）自由な発想を持つ者」という意味である。

今回は、下北半島に大学生が一週間ほど滞在し、「下北半島を首都圏の若者層に売り込んでいくための観光資源は何か」や「どのような手段で下北半島を首都圏の若者層に提案していくか」などの視点から三グループにわかれて調査を実施した。調査を進める際、事前に青森県下北地域県民局から下北半島が持つ観光資源の情報提供を受け、それらの観光資源を大学生が自ら体験することで、若者層を下北半島に呼び寄せるために、具体的に提案することが本調査の最終的な目的であった。

各班の活動を簡単に紹介したい。ある班は、本州最北端の大間町に行き、漁協にて漁船見学した後で、漁師から話を聞いた。その話の中から、観光資源のヒントを得たようである。また同班は「べこもち」作り体験するなど、様々な観光資源を具体的に五感で体験した。その後、下北半島の首都圏の若年層に向けた売込み方法を検討した。なお「べこもち」とは、もち米とうるち米を粉にして、それぞれに色をつけて練り、カニや花模様になるよう組み合わせた色の美しいもちである。

また別の班は東通村の大利伝承館で、そば打ちやもちつき踊りを体験した。このもちつき踊りとは、東通村において、婦人たちが鮮やかな着物で着飾り、その年の豊作を願い、毎戸に田植えして回る踊りを披露である。臼を持つ人一人と、杵を持つ人が三〜四人で一つの輪になり、唄・太鼓などにあわせて踊る伝統行事である。このもちつき踊りは、青森県の無形民俗文化財に指定されている。さらに同班は原牧場に足を運び、酪農体験やバターづくりを経験した。

別の班は、アニマルトラック(19)を行ったり、木工品を作製する体験を行った。何れの体験も、今回参画した大学生にとっては、はじめてのことであり、観光資源として新鮮さを感じたようである。

ここで紹介した体験は、何気ない（たわいない）体験と捉えることもできる。しかしながら、何も知らない大学生にとっては驚きの連続であり、そこから得られた視点というのは、自治体職員や地元住民が、とても気がつかない様々な発見をもたらすことになった。

一方で、実際に体験することで、多くの課題もみえてきた。何れの観光資源も青森県下北地域県民局から情報提供を得たものである。ある意味、青森県が薦める観光資源である。しかし参画した大学生は、それらの観光資源に魅力を感じていない場合も多い。例えば「多くの観光資源は下北半島でなくても体験できる」という意見であったり、「首都圏から下北半島までの移動費を考えると費用対効果（移動費対満足度）があわない」などの厳しい意見もあった。

もちろん、建設的な意見もあった。例えば「観光資源が点と点で存在しており、それらをつなぐ手段がない。そこで点と点をつなぐ移動手段を構築すれば、下北半島は若年層を招きいれることができる」や「商業的な観光ではなく、修学旅行のような教育的観光に特化するとよい」「ワーキングホリデーの下北半島版の創設」などである。

なお、二〇〇八年九月には、再度下北半島において「首都圏の大学と連携した若者との交流創出事業」[20]を実施している。同事業も、法政大学生一二名が現地に一週間ほど滞在し、地域外の若者目線で見た下北半島における魅力ある資源を発掘し、交流人口拡大のための具体的交流メニューを提案している。

右に紹介した主体に加え、信用金庫やシンクタンクなども地域再生に取り組んでいる。例えば、飯田信用金庫は「しんきん南信州地域研究所」を立ち上げ、「地域の経済、地域の産業の活性化にリアルタイムに質する」として、地域づくりのための情報収集、情報交流、情報発信、ビジネスマッチングの機会創出などを掲げている。

また川崎信用金庫は地元の中小企業の経営者を対象に「かわしん創発塾」を開講し、川崎市の若手中小企業経営者やその後継者を対象として、地域産業の担い手を育成・支援することを通じて、地域社会へ貢献することを意図している。これらの事例も地域再生の一つと捉えることが可能である。

そして何よりも、長年に渡って、シンクタンクが地域の活性化や地域再生に取り組んできた。しかしながら、シンクタンクが多方面から取り組んでいるわりには、成功事例が少ないのが気になる。この点については、次節で成功事例が少ない理由について検討する。

4　かみ合わない地域再生の取り組み

今日では、様々な主体が地域再生に取り組みつつある。着実に成果を出している地域もあるが、成功事例が少ないように思われる。地域再生を実現し、注目を集めている事例を抽出すると、小布施町（長野県）や大分県の由布市（湯布院町）をはじめ、既に紹介した境港市などであり、極めて少ない。あるいは、一定の成果が結実しても、それは一時的な成果に終始し、気がつくと再び地域が困憊している状態に戻っていることが少なくない。つまり、持続可能な地域再生になっていないのである。

そこで本章では、「なぜ、持続性のある地域再生にならないのか」という問題意識のもと、原因を示していく。

地域再生が持続性を伴わない理由は、次の三点である。第一に、お上から（国主導）の地域再生に原因があると考える。第二に、ある意味、無責任とも言える地方自治体の地域再生の取り組みも指摘できる。第三に、シンクタンクの功罪である。特に「功」よりも「罪」のほうが多いのではないか。以下、それぞれについて言及していく。

①国の地域再生が地方の地域再生をダメにする

まずは、お上からの地域再生が持続性を伴わない理由について言及したい。相変わらず、国は、相次いで地域再生の取り組みを推進している。しかし、その実態をよくよく観察すると、地域の実情を反映していない地域再生の取り組みと指摘できる。

国が推進している地域再生は、結局のところ、全国どこも同じ画一的な地域再生を求めている気がしてならない。構造改革特別区制度も、あえて否定的な視点から捉えると、結局は全国画一的な地域づくりを進めているとも指摘できる。

同制度の目的は、民間や地方自治体、NPO団体（NPO法人）などからの発案をもとに、限定した特定地域を対象として、農業、医療、教育などの分野において規制を緩和・廃止して、構造改革を進めることにある。そして「特定の地域で成功すれば全国レベルの規制改革に拡大する」ことに主眼がおかれている。つまり、当初はその地域だけ限定的に進められていた独自の地域再生の取り組みが、気がつくと、その地域だけではなく全国に広がっていることを意味する。このような視点で捉えると、同制度は、まさしく全国画一的な地域づくりを進めているとも言える。

例えば、教育分野に焦点を絞った特区の方向性として、小中一貫教育や中高一貫教育、新しい学校（コミュニティスクール）、英語教育、市区町村単位での教員任用などがある。その中で英語教育に特化した特区に限定すれば、成田市（千葉県）や角田市（宮城県）、宇城市（熊本県）、松本市（長野県）、行田市（埼玉県）などをはじめ、実に多くの地方自治体が採用している。これは結果として、画一的な制度になってしまったと捉えることができる。もちろん、このようになる理由として、地方自治体が持つ「横並び意識」という悪しき習慣も少なからず影響していると思われる（「横並び意識」を前向きに表現すると「競争意識」になる）。

現在、元気のある地域を観察すると、国にはほとんど頼らず、自前で努力し創り上げた事例がほとんどである。例えば、戸田市は一つのＮＰＯ法人が地道に取り組んできた成果であるし、下北半島の事例は大学（大学生）のダイナミズムを活かしたよい事例である。そのほか小布施町（長野県）などもあげられる。また、これらの地域は中長期にわたり同じ取り組みをしつこいくらいに進めてきた点も共通している。すなわち、独立独歩で国に依存しない地域再生の取り組みを展開してきたのである。

また、地域再生という言葉とともについてくる国からの補助金や助成金にも持続性を阻害する一つの原因がある。補助金や助成金が続くうちは、地域再生の取り組みが活発に行われるが、それらがなくなると地域再生も雲散霧消してしまう場合が少なくない。まさしく「金の切れ目が縁の切れ目」のように「補助金・助成金の切れ目が地域再生の切れ目」となってしまっている。これでは本当の意味で地域が再生されたとは言えない。地域再生の取り組みが、社会事業化、あるいはビジネスモデル化されていない点に問題がある。

国の地域再生法には「地方公共団体が行う自主的かつ自立的な取組」が地域再生であると明記されている。しかし実体は、「依存的かつ他立的な取組」が国の進める地域再生と言わざるを得ない。もちろん、昨今の国の役割は制度の大まかな枠組みをつくることに重点がおかれつつあるため、その制度を活かしきれていない地方自治体（の能力）にも、少なからず問題がある。

繰り返すが、国からの地域再生は地域の実情を反映していない。もし、本気で地域再生を目指すのならば、国に依存することなく、自前で進めていくことが大切である。[21]

②地方自治体の制度が地域再生をダメにする

次に地方自治体の無責任さも指摘しておきたい。この無責任という意味は、地域再生を担当する自治体職員が「いいかげんに地域の再生に取り組んでいる」という意味ではない。自治体職員一人ひとりと接すると、極めて真摯に「地域をよくしよう」という熱い思いのもと取り組んでいる。

ここで指摘したいことは、地方自治体が持つ制度的な無責任さである。それを端的に言えば、担当者の人事異動に伴う継続性の断絶である。わずか二、三年ごとに繰り返される、無意味とも思われる人事異動により、成功する可能性を秘めている地域再生を失敗に導いていると言える。

地域再生に取り組む自治体職員は、業務命令とは言え、一生懸命に取り組んでいる。一年目は模索し、二年目に成功に向けた光明が見えはじめると、三年目には異動してしまうことが少なくない。その自治体職員がいなくなった後には、「熱い思い」という残像があるだけである。そして、その残像は後任に引き継がれることは、ほとんどない。

一般的に地域振興や地域の活性化、そして地域再生は、目に見える結果がすぐに導出されるわけではない。個人的な感覚では、何かしらの善の成果をだすためには、最低でも五年間は継続して同じ取り組みを実施しないといけないと実感している。

地域再生の成功に向けて、持続的な取り組みを繰り返し、五年が経過して「ようやく花開くかもしれない……」と思えてくるものである。しかし実状は、二、三年間で担当者が交代してしまうことにより、地域再生の取り組みが断絶されてしまう現実がある。

現在、地域活性化や地域振興、あるいは地域ブランドの取組みで成功している地方自治体を観察すると、そこでは五年とか一〇年とか、同じことを諦めずに取り組んでいる傾向が強い。もし地方自治体が地域再生を進めることで、何かしら善の効果を導出したいと真剣に考えるのならば、地方自治体（の首長）は、地域再生の長期的な計画のもと戦略性を持ち、かつ成功させるまで担当者は異動させないくらいの気概を持って取り組んでいく必要があるだろう。

この点について、松下幸之助の言葉を紹介しておきたい。それは「世に言う失敗の多くは、成功するまでに諦めてしまうところに原因があるように思われる。最後の最後まで諦めてはいけないのである」(22)と述べている。本気で地域再生を結実させたいのならば、地方自治体は同じことを何年も続け、必ず成功を導くくらいの心構えを持たなくてはいけないだろう。

また地方自治体の予算における単年度主義や事務事業評価（行政評価）の弊害も指摘しておきたい。予算の単年度主義とは、地方自治体は一年間を一会計年度とし、その収支を形式的に均衡させる原則を意味する。地方自治法第二〇八条は「会計年度及びその独立の原則」を規定しており、その第一項において「普通地方公共団体の会計年度は、毎年四月一日に始まり、翌年三月三一日に終わるものとする」であり、第二項は「各会計年度における歳出は、その年度の歳入をもつて、これに充てなければならない」とあることから、予算の単年度主義が明記されている。

この単年度主義により、地域再生や地域振興を考える際に、自治体職員は一年ごとの計画を脳裏に描いて事業を実施する傾向がある。そのため五年や一〇年といった中長期的に思考のもとで施策を展開していくという発想を持つことが少ない。その結果、矮小な地域再生の取り組みとならざるを得ない。

さらに、事務事業評価が輪をかけて単年度思考を自治体職員に植え付けつつある。事務事業評価の目的は、個別の事務事業の必要性や効果、効率性等を評価することにより、行政資源の有効配分や経営努力の目標設定など具体的な改善と見直をすることである。短期間で効果がはかれる事業は、事務事業評価の対象とすることで、よりよい施策や事業を住民に提供できると考える。しかし、本章で取り上げている地域再生や地域振興などの施策は、短期間で明確な評価が導出されるものではない。その意味では、地域再生や地域振興は事務事業評価から外す必要性があるのではなかろうか。これは地方自治体が実施する人材育成や政策研究などにも該当する。

③シンクタンクが地域再生をダメにする

最後に、シンクタンクの功罪を言及しておきたい。一般的にシンクタンクとは、「頭脳集団」と称される。またシンクタンクの目的は、社会や地域が抱える様々な問題を調査・研究し、具体的な解決策を提案することである。『大辞泉』によると、「種々の分野の専門家を集め、国の政策決定や企業戦略の基礎研究、コンサルティングサービス、システム開発などを行う組織」と定義されている。そのほかにも、様々な学識者や報告書などが「シンクタンク」を定義している。

ここではシンクタンクの定義を簡単に、「地域振興や地域活性化など地域政策のための調査・研究などを行う機関」とする。有名な機関として、三菱UFJリサーチ&コンサルティング株式会社や株式会社日本総合研究所などがある。

一九六〇年代頃から、シンクタンクは地域振興や地域再生を手掛ける機関として、存在意義を見出してきた(23)。シンクタンクは、客観的に地域の実情を把握し、適切な方向性を提案してくれるなどのメリットがある。それなりの意義も見いだせるが、昨今では、全体的には地域再生においてはマイナス要因として働いているような気がしてならない。

一般的に、既存の多くのシンクタンクは地域の課題や問題点を解決するための調査・研究をして、報告書をだすことに主眼が置かれている場合が多い。しかしながら、地域再生で重要なのは、報告書で提言した内容を実現していくことである。ほとんどのシンクタンクは地域再生を推進していく主体となることはない。

もちろん、シンクタンク側に立てば、事業の主体になれない事情もある。そもそもシンクタンクが提案した内容を首長や理事者などの政策決定者が取捨選択し、選ばれた提案を自治体職員が実施していくことが、普通に想定される姿である。しばしば指摘されることは、「本来、地域再生は、その地域の利害関係者が主体的になって進めていくべきもの」ということがあげられる。しかし、この発言は建前であり、本音では事業の実施まで、シンクタンクが担当すると割に合わないのである。

地域再生のための調査・研究だけではなく、事業まで実施することは、極めて体力のいることである。そして同時にお金（費用）もかかる。筆者が所属するシンクタンクにおいては、かつて何か調査・研究に加え事業まで実施したが、結果的に経費率が八割強に達してしまったこともある（これは人件費を除いての経費率であるため、実質は赤字を意味する）。

このような理由から、多くのシンクタンクは調査・研究だけに終始し、提案した内容には責任を持たないことが少なくない。そして責任を持たないということを前提として、シンクタンクが当該地域に入ることは、単に地域をかき乱しただけに終始してしまう。このようなシンクタンクの行動が地域再生を成功に導くとは思えない。結局は、シンクタンクも地域再生の一つの障害となっている現実がある。

また真贋は定かではないが、シンクタンク業界でしばしば指摘されていることがある。それはシンクタンクが提示する報告書は、地方自治体名を変えることにより、どの地方自治体でも流用できてしまうという噂である。例えば「相模原市における地域活性化の方向性に関する調査」という報告書があったとする。この報告書は相模原市に向けた内容であるが、この「相模原市」を「横須賀市」に置換するだけで、横須賀市を対象とした報告書を新たにつくりあげてしまうという事実である。このことは、シンクタンク業界においてまことしやかに囁かれている。

確かに、シンクタンクが右の手法を採用する気持ちも分からないでもない。なぜならば、シンクタンクも民間企業であり、同じ報告書を少し変えて流用したほうが効率もよく、利益も拡大するからである。しかしこの手法を採用すると、それはシンクタンクが意図的につくりあげた画一的な地域の誕生であり、地域再生を妨げる要因ともなる。

本当に地域を活性化させていく気概があるのならば、シンクタンクの研究員は、その地域に入り込まなくてはいけない。そして単に表面的に調査・研究をするだけではなく、実際に現場に深く入り込み具体的な事業も実施していかなくてはいけないだろう。特に事業を実施していく過程では、地元住民との衝突も予測される。また研究員が第三者として、地方自治体と地元住民の間に入り合意形成していく役割も求められる。実際に現場に入り込み、地域再生していく過程に重きをおいた調査・研究と実践の両輪を繰り広げていくことにより、その地域だけの独自性を備えた地域が創造されていくものである。

地域に入り込み、地域とともに研究員も汗を流していく重要性は、シンクタンクに勤務する研究員は認識していると思われる。しかしこのような取り組みは、民間企業であるシンクタンクにとっては、自らの首を絞めることにつながってしまう。つまり、「地域は潤い、シンクタンクは倒産する」という状況になりかねない。

シンクタンクに勤務する個々の研究員は、地域の中に入り込み、地域再生に向けて全力を注ぎ込んでいく意向はある。しかしながら、シンクタンク研究員も民間企業の勤務する一人のサラリーマンである。サラリーマンという立場で考えると、身銭を切ってまで、地域の活性化に全力を注ぐという行動はなかなか出来ない。そして結果として、民間企業としてのシンクタンクの効率性や採算性を考えてしまう傾向がある。この後者の民間企業としてのシンクタンクの行動が結果として、地域再生を導出させることなく、単に地域をかき乱しただけに終始し、地域をダメにしてしまう原因と考えられる。

右に述べた以外に、地域再生を阻害する要因は多々あると思われる。その中で、本節で指摘した三つの原因により、現在、地域で何が起きているかというと、それは「地元住民が不信感を持つ」という事実につきる。

国の相次ぐ地域の実情を無視した一方通行的な地域再生に加え、地方自治体の悪制度とも捉えられる人事異動や予算の単年度主義などにより地域づくりの持続性が伴わず、さらに地元意向を無視したシンクタンクの勝手な地域再生の取り組みにより、昨今では、地元住民がそれぞれの主体に不信感を持ちはじめている。この地元住民の不信感が、結果として、地域再生の不安定感を招き、持続性のある取り組みに発展していかない(24)。

④地域再生に向けた新しい胎動

前記では地域再生を妨げている主体を指摘した。一方で、地域再生を推進していく今までにない動きも芽生えつつある。それが既に指摘した地元発のNPO法人の躍動であったり、地域への貢献を考えはじめた大学の存在である。また「自治体シンクタンク」という動きも地域再生を導出する一つの契機となるかもしれない。

ここでは自治体シンクタンクについて簡単に触れておく。自治体シンクタンクとは「地方自治体の政策創出において徹底的な調査・研究を行い、当該問題を解決するための提言を行うために組織された機関（団体）」と定義される。

自治体シンクタンクとは、字のごとく、地方自治体が設置したシンクタンクである。例えば、横須賀市都市政策研究所（二〇〇二年）、みうら政策研究所（二〇〇三年）、新宿区新宿自治創造研究所（二〇〇八年）、戸田市政策研究所（二〇〇八年）など枚挙に暇がない。現時点では、全国で約五〇の地方自治体で自治体シンクタンクが設置されている。そしてその多くが地方自治体の内部組織（課や係など）として設置されている。

この自治体シンクタンクの特徴の中で一番の利点は「現場に軸足を置きつつ自ら政策を考え、考えた政策を自ら実践していく」という点に集約される。すなわち、実践と理論が一致している点に自治体シンクタンクの強みがある。この自治体シンクタンクという新しい潮流も、地域を再生させていく一つの手段となりえるだろう。

5　これからの地域再生の方向性を考える

ここでは、地域再生を成功に導くための方向性を指摘しておきたい。一般的に複数の成功事実から共通項をとり出すと、それは再現性が高く法則化できると言われている。そして、この法則化の過程が帰納であり、科学の法則はこの帰納によって成立している。今日、地域再生で成功している事例は少ないが、全くないわけではない。その数少ない成功事例から、次の三点の共通項を見出すことができる。

それは、第一に中長期間にわたり同じ取り組みを実施している。第二に様々な主体の参加により地域再生が実施・展開されている。第三に他に依存することなく地域の総力を結集し取り組んでいる、である。この三点について説明していく。

①中長期的な取組みによる地域再生

第一の中長期間にわたり、同じ取り組みを実施している点について言及したい。本章で紹介したまち研究工房がよい事例である。まち研究工房が実績を残してきた一つの理由は、まち研究工房には地方自治体のような数年間で異動する制度がないからである。また、その年度に使い切るような予算の単年度主義もない。そして当然ながら、一年単位の事務事業評価（行政評価）もない。事務局長が、一貫して地域再生に取り組んできたことが、事業を成功させつつある要因と指摘できる。

何でもそうだと思われるが、事業を成功に導くためには、最低でも五年間は同一人物が取り組んでいくことが望まれる。同じ事業を実施していても、担当者が変わってしまうと意識が変わり、その結果、事業の中身も変化してしまう。すなわち継続性が伴わないのである。

地域再生には、十数年という長い期間がかかるということを知らなくてはいけない。既に紹介したが、「妖怪のまち」や「鬼太郎のまち」で地域振興に成功した境港市は、実に十数年の月日を費やしている。また小布施町（長野県）や大分県の由布市（湯布院町）なども地域を再生するために十数年の月日を費やしている。これらの事例から理解できることは、「地域再生には時間がかかる」という事実である。

一方で視点を変えて、革新的な地方自治体を観察すると、その多くの場合が首長が三期や四期と担当していることが多い。つまり首長が変わらないということは、長期間にわたって政策が継続的に実施されることを意味している。今日では、首長の多選が問題視されているが、地域再生を実現するという視点に立つと、首長は三期や四期くらいは継続的に担当したほうがよいと思われる。

またたとえ話になるが、ここに小さなやかんと大きなやかんがある。水を沸騰させるのに、小さなやかんは短時間で沸騰する。しかし冷めるのも早い。一方で大きなやかんはなかなか沸騰しないが、一度沸騰すると冷めるのも長い時間がかかる。地域再生も同じようなことが言える。すなわち、「あっ」という間に活性化された地域は、「あっ」という間に冷めて終わってしまう。一方で、様々な利害関係の合意を取り付けて時間をかけて成立した地域再生の場合は、その理念は確固たるものとなり、長期間にわたり持続的に地域が潤うことになる。持続的な地域再生を導出するためにも、中長期の観点から、地域活性を取り組んでいく心構えが求められるだろう。

②様々な主体の参加による地域再生

第二の様々な主体の参加により、地域再生が展開されている点について言及する。この考えは「新たな公」(新たな公共)に近いものがある。今後は「新たな公」を軸とした地域再生が、ますます求められてくるだろう。

この「新たな公」について、国土交通省は「行政だけでなく多様な民間主体を地域づくりの担い手と位置づけ、その協働によって、地域のニーズに応じた社会サービスの提供等を行おうとする考え方」[25]と定義している。そして同省は新たな公の浸透により、「社会貢献による参加者の自己実現や地域経済の活性化、社会的コストの軽減効果など、多面的意義がある」と指摘している。なお表1は、地方自治体における「新たな公」の定義である。

今日では、地域を襲う課題や問題点は複雑化しており、単一の主体だけで解決することは困難となっている。様々な主体が知恵を出し合い、創意工夫を凝らしていくことに、地域再生が成功していく萌芽が見られる。そして過程に重きをおいたほうが、強い地域が再生されると思われる。

今後はこの「新たな公」という考えがますます重要になってくるだろう。表1に記している様々な定義から抽出できる要点は、多様な主体が公共サービスを担い、多様な主体が公共を創造する、という意味になる。そこで「国や地方自治体、民間事業者、市民公益活動団体などの地域を構成する様々な主体者が、対等・協力の関係で役割分担を明確にし、新しく創出し、管理・運営する公共(空間)」と捉えられる。

そして、この「新たな公」を創出していくための重要なキーワードが「協働」である。今日では、その協働の活動を条例化により法的根拠を持たせることで、より持続的な活動に進展させようとの動きがある。[26]また、条例化により、主体間での役割分担の明確化が可能となる。なお図6は、新聞各紙(朝日新聞、産経新聞、毎日新聞、読売新聞)に掲載された「協働」という言葉の推移である。右肩上がりで増加している様子が理解できる。この図6からも、協働が求められている社会になり

表1　地方自治体における「新たな公」の定義

地方自治体	「新たな公」の定義
足立区	新しい公共活動は，それぞれの主体が目的と責任を持ちながら実施しているものですが，主体同士の関係を近づけ，地域にもっともふさわしい公共サービス・活動を追及する創造的な手段が，協働であると考えることができます．協働が，共通の目的意識，対等関係，応分の責任，相乗効果などの基本原則を持つものだからです（あだち協働ガイドライン）．
新宿区	従来の「私的な領域」と「行政的な領域」の二元論では割り切れない，中間的な領域に生じる公共的需要のことで，行政本来の守備範囲を超えた「公共的な領域」をいう．新しい公共に応えていくには，行政とは違う切り口や多様な発想によって，柔軟できめ細かく，小回りがきくサービスを提供できるボランティアやNPO等との協働が求められる（ボランティア・NPO等との協働の推進に関する基本方針）．
熊本市	従来の「行政によりもっぱら担われてきた公共」に対し，市民・事業者・行政の協働によって課題を解決していくものであり，市を構成するみんなが手を携え担っていく公共の考え方を「新しい公共」といいます（わたしがやる！　あなたが始める！　まちづくりの羅針盤～市民が公益活動に取り組むための指針～）．
桐生市	地域の問題を市民・事業者・行政の対等なパートナーシップによって解決しようという概念であり，三者が共に手を携えて行わなければ達成できない分野を「新しい公共」という（桐生市行財政運営ビジョン）．
多摩市	「新しい公共」とは，こうした状況のなかで，行政のみならず，市民，NPO，事業者など，多様な主体が，対等な立場で協働・連携し，適切に役割分担しながら「公共」の領域をともに担っていこうとする考え方です（多摩市行財政再構築プラン）．
名張市	市民，地域組織，市民活動団体，事業者，市など多様な主体が，互いの役割と責任を自覚しながら対等な関係のもとに，参画と連携によりみんなで支えあう社会のことを「新しい公」としています（「新しい公」の基本方針）．
大和市	市民，市民団体，事業者，市が協働して創出し，共に担う公共をいう（大和市新しい公共を創造する市民活動推進条例）．
三重県	「新しい時代の公」とは，公（公共領域）の活動に，多様な主体が参画し，みんなで支える社会のあり方，及びその形成に向けた諸活動のことをいいます（「新しい時代の公」推進方針）．

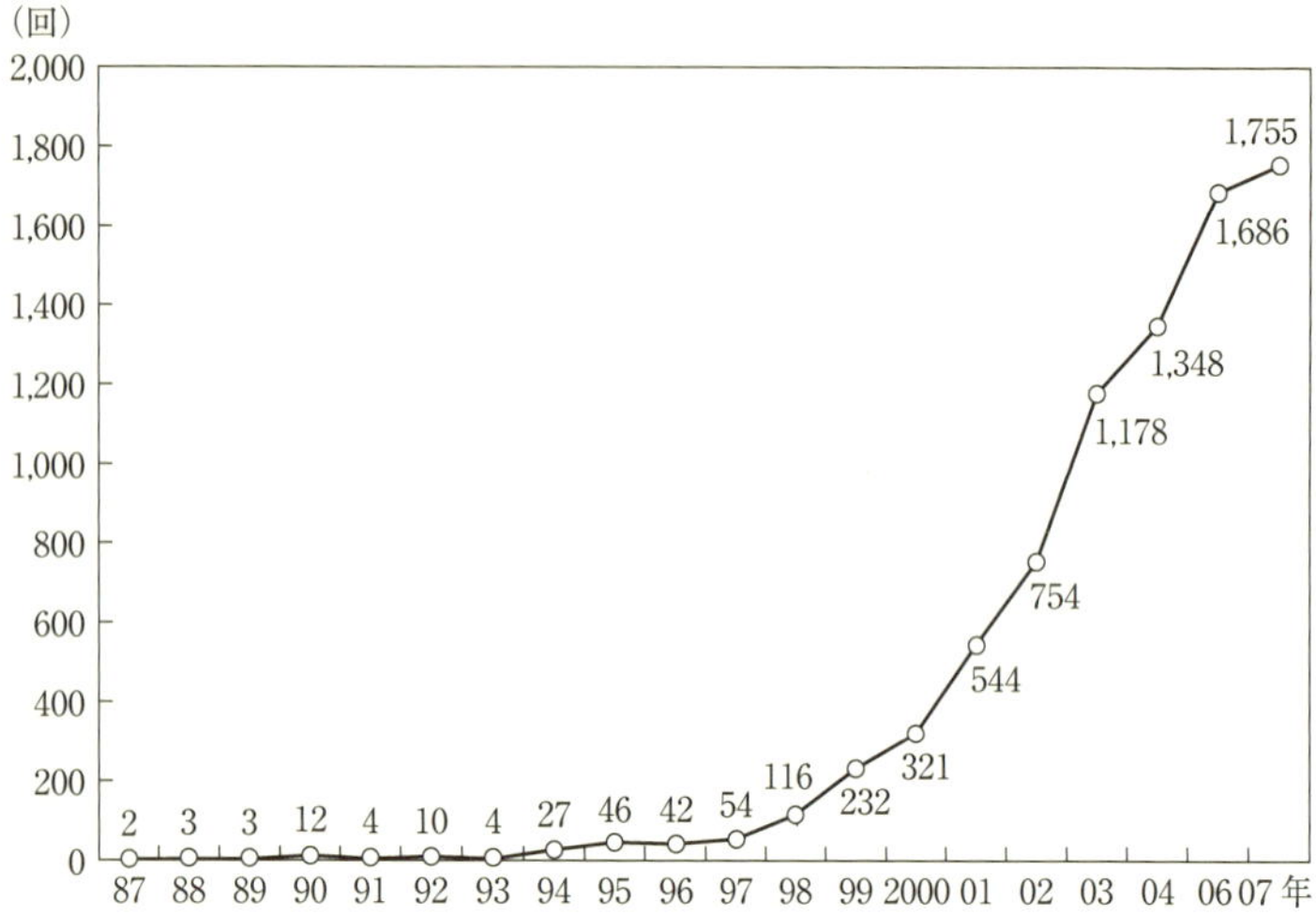

注：朝日新聞，産経新聞，毎日新聞，読売新聞の合計である．

図6　主要四紙における「協働」という語句の一年間の登場回数の推移

つつあることが推測できる（協働の伴わない自治体政策は無意味になりつつある）。

地方自治体は協働を進めていくために、様々なチャンネルを用意しておく必要がある。例えば、市民懇話会、広報広聴モニター、市民アンケート調査、市長への手紙、市民アイデアの公募、市民説明会、シンポジウム、一％支援制度、市民まちづくり債、プラーヌンクスツェレ（市民討議会）、審議会等の公開、審議会等の委員公募、パブリックコメント等が施策や事業として考えられる。また条例という視点からは、住民投票条例、住民参加条例、協働推進条例などがあり、地方自治体の憲法と称される自治基本条例の制定も、協働を進める上で必要となってくるだろう。

右のような施策や事業を実施することにより、まさに「住民の顔の見える政策づくり」

に発展していく。このことが協働を実現する第一歩であり、様々な主体による地域再生につながっていく。

③地域力を結集した地域再生

第三として、他に依存することなく地域の総力を結集し取り組んでいることをあげたい。何かに依存した地域再生は、依存先が倒れると、その時点で終わってしまう。そうではなく、できることならば、どこにも依存せず自らの力で地域再生を取り組んでいくことが大切である。また身の丈にあった地域再生の実施の重要性も指摘しておきたい。

今後は「全員参加」による地域再生が求められるだろう（先の様々な主体の参加による地域再生と若干重複する）。しばしば、行政だけ、商工会議所だけ、住民だけ……という地域活性化に向けた取組みがあるが、それではバラバラの地域再生なってしまう。そこで統一コンセプト（理念）のもと、全員参加の地域再生に向けた取組みが大切である。ちなみに、この統一コンセプトは行政計画として結実することが多い。

先に「地方自治体の制度が地域を衰退させた」と指摘したが、地方自治体に勤務している職員までも否定したわけではない。あくまでも「制度」を否定した。今日の地域再生は地方自治体抜きには考えられない。特に自治体職員（地方自治体）の役割に期待している。

河村十寸穂は、「私は、複雑な都市問題に取り組み、いち早く問題点を指摘し、解決のプログラムを提示し、住民とともにその実践的努力のイニシアティブをとり、リーダーシップを発揮すべき役割を担うのは行政であり、また都市問題のプロとしての自治体公務員であると考えている」[27]と残している。

初期の段階では、地方自治体の役割は大きいと思っている。その理由は、地方自治体には多くの行政資源が保有していることに加え、地域の情報がすべて集約されているからである。

そして、これらの三点を制度化する必要があり、その一つの手段は「条例」と考える。一般的に条例は地方自治体の意思であり、決意表明でもある。また条例は一度制定すれば、なかなか廃止されることはない。その意味では継続性が担保される。さらに条例化により、予算の継続性が担保され、予算が得られれば、事業が実施しやすくなる。その意味では、条例化による制度化が、地域再生を成功させる一つの方向性でもある。なお、条例は一つの手段であり、目的ではないことを付言しておく。

6　望ましい未来を描くことが地域再生につながる

本章では、地域再生の現状と課題を記してきた。現在は、新しい地域再生のモデルを構築する時にきているとも指摘できる。その意味では、地域再生を確実な潮流にしていく過渡期と位置づけることも可能である。この過渡期においてこそ、それぞれの地域が地域再生の理念（柱）を確立する必要があるだろう。その理念がない状態では、国が提示する様々なメニューに飛びついたり、シンクタンクの言うとおりになってしまう。これでは地域再生は成功しない。地域再生の後に訪れる望ましい未来像を確実に持っていないと、その場しのぎであり、その場限りの地域再生に終始してしまう。

理念を体現化する手段が「条例」であり「行政計画」である。地域ブランドの構築により成功している地域を観察すると、独自の「行政計画」を策定している場合が少なくない。この行政計画により、地方自治体は様々な関係者を巻き込み体系的に行政運営が進むことになる。しかしながら行政計画の場合であると、首長の交代とともに改定や廃止される傾向がある。そこで「条例」化することにより、政策の継続性を担保することも一つの手段であると思われる。なお、理念を検討していく過程で住民等に意見を踏まえていくことは当然のことである。形式的に住民の意見を取り入れるのではなく、実質的に住民の意向を内包していくことが大切である(28)。

最後になるが、次のことも指摘しておきたい。しばしば現場で勘違いされていることは、「地域再生に取り組めばいい」ということである。地域再生に取り組むことが目的ではない。当たり前であるが「地域再生を成功させること」が目的である。しかし、現場に入っていくと、地域再生に取り組むことに満足している現状がある。これでは地域再生は成功しない。あくまでも地域再生は手段であり、その先にある望ましい未来を創り出していくことが目的である。目的と手段を履き違えている事例が多いため、地域再生が大きな潮流になっていないと考えられる。この点に注意しなくてはいけないだろう。

注

（1） 図1のとおり商店数は趨勢的に減少しつつある。一方で「商業統計表」によれば、商店街は二〇〇四年の一万二四〇七団体から、二〇〇七年は一万二五六八団体へと微増している。
（2） 商業集積地区とは、「用途地域」のうち商業地域及び近隣商業地域にあり、商店街を形成している地区をいう。そのため、商業の核となる地域を指すことが多い。
（3） 過疎化などで人口の五〇％が六五歳以上の高齢者になり、社会的共同生活の維持が困難になった集落のことを指す（大野晃「山村の高齢化と限界集落」『経済』一九九一年七月号）。また限界集落に次ぐ状態を「準限界集落」と表現することもあり、五五歳以上の人口比率が五〇％を超えている場合とされる。さらに限界集落を超えた集落は「超限界集落」から「消滅集落」へと向かう。
（4） 「地域再生」という四文字は多義的な用語である。ここでは国の地域再生法における地域再生の定義を紹介する。それは「地方公共団体が行う自主的かつ自立的な取組による地域経済の活性化、地域における雇用機会の創出その他の地域の活力の再生」（第一条）である。現在、同法により実施されている地域再生の多くの取り組みは、地域が有する様々な資源や強みを活用し、地域経済の活性化と地域雇用の創造を実現することが目的となっている。その目的の実現のために、地域が自ら考え行動することを基本として、行政サービスの民間開放、権限移譲、補助要件の緩和などの制度的対応が実施されている。
（5） 赤字を出しても食べていける実状はいいことである。悪いことは、「赤字を出してもいい」という心の持ちようにあり、このマインドが地域を衰退させる一つの原因と考える。
（6） 詳細は、次の報告書を参照されたい。同報告書は下北地域の活性化を図るための具体的な戦略を策定することに資することが目的である。青森県下北地域県民局「「下北」ブランド構築による地域活性化戦略策定調査報告書」二〇〇八年。

(7) 本来ならば、法人格を持たないNPO団体の事例も踏まえたいが、なかなか公式なデータを把握できない現状がある。そこで本章ではNPO法人の取り組みを中心に紹介する。

(8) 詳細は次のURLを参照していただきたい。http://www.machi-ken-kou.net/index.htm

(9) 二〇〇七年一〇月、地域の再生に向けた戦略を一元的に立案し、実行する体制をつくり、有機的総合的に政策を実施していくため、地域活性化関係四本部（都市再生本部、構造改革特別区域推進本部、地域再生本部及び中心市街地活性化本部）を合同で開催することとし、四本部の事務局を統合して「地域活性化統合事務局」が設置された。

(10) 二〇〇二年に都市再生本部において決定された「全国都市再生のための緊急措置～稚内から石垣まで～」の一環として、全国各地で展開される「先導的な都市再生活動」を国が対象となる都市再生活動の提案を募集したものである。応募された提案については、都市再生プロジェクト推進調査費（国費）を活用した調査として、各地で活動を展開し、その成果をとりまとめている。

(11) 同調査の詳しい結果は次のURLを参照していただきたい。
http://www.toshisaisei.go.jp/05suisin/kantoh/04suisin/h18/08.html
また「おやすみ処」のURLは左記になる。
http://www.oyasumidokoro.net/

(12) おやすみ処にあるベンチは「防災ベンチ」であり、ベンチの下には非常用の道具や非常食を収納されている。そのほか、おやすみ処には、防犯・防災に向けた様々な仕組みがほどこされている。また防災ベンチは、株式会社コトブキの協賛・協力で、防災用品収納型や、高齢者・妊婦にやさしいユニバーサルベンチを寄贈してもらっている。そのほか、様々な企業の支援を得ている。すなわち、ここでは企業の力が鍵となっている。さらに、現在取り組んでいる白河市においては、同市の間伐材を使い、おやすみ処のベンチを試作することも検討している。

(13) 本事業は、官民の多様な主体が協働し、伝統・文化等の埋もれゆく地域資源を活用してコミュニティを創生しようとする活動についての提案を広く募集し、モデル的に実施することにより、「新たな公」の担い手の拡大を通じた地域づくりの新しい道筋をつけ、全国に展開することを目的として実施された。

(14) 戸田市と姉妹都市提携していた福島県大信村が、二〇〇五年一一月七日に一市三村の新設合併により、新生「白河市」となった。その後、引き続き、戸田市と白河市は友好都市提携を締結している。

(15) 朝日新聞が全八六の国立大学に対して、大学発ベンチャーの現状についてアンケート調査を実施したところ、起業数が二〇〇五年度以降急減し、二〇〇八年度はピーク時の四割弱に落ち込むことが明らかになった。また全体の約一割が倒産・休止するか、存続不明になっていたことも明確になった(朝日新聞、二〇〇九年一二月二一日)。

(16) 同調査は、地域活性化統合事務局の「平成一九年度地方再生モデルプロジェクト」の一環として実施された。同プロジェクトは地方再生に向けた総合的な支援策という意味を持っている。特に今回は雇用情勢の厳しい八道県(有効求人倍率が〇・七未満の)を対象として、民間の発意を公とのパートナーシップにより後押しするなど、地域の経済活性化に寄与するプロジェクトを発掘・構築し、関係支援施策を緊急かつ総合的に実施することにより、地域経済の下支えを図るために実施された。

(17) 以下は、次の文献を参照した。牧瀬稔「地方自治体と大学生の連携による地域づくりの効果」経営労働協会『月刊経営労働』二〇〇八年三月号。

(18) 地方自治体等の地域ブランドの取り組みは、次の文献に詳しい。牧瀬稔・板谷和也『地域魅力を高める「地域ブランド」戦略―自治体を活性化した16の事例―』東京法令出版、二〇〇八年。

(19) アニマルトラックとは、雪の上に残された動物たちの足跡という意味である。よく観察することで、そこから動物たちの行動を想像する楽しみがある。

(20) 同事業は、青森県の独自事業である。その内容は、地域の活性化のためには都市の若者と交流させるためのきっかけ作りが重要であると考え、首都圏の大学と連携して、地域外の若者目線で見た下北半島における魅力ある資源を発掘してもらい、交流人口拡大のための具体的交流メニューを提案してもらうことが目的である。

具体的には、首都圏の大学生による下北半島に関する事前調査と現地でのフィールドワークを実施し、調査結果を「都市の若者に教えたい下北の魅力と交流メニュー」として提案した。

（21）国の地域再生に飲み込まれるのではなく、「国の地域再生という制度を使ってやる」という意気込みが大切である。そして、国の制度を活用している間に（国の制度は永続的に続くわけではない。賞味期限がある）ビジネスモデル（事業の持続可能性モデル）を構築しないと、地域再生は継続的な取り組みにならない。

（22）次の文章の一節である。「事によらず、志を立てて事を始めたら、少少うまくいかないとか、失敗したというようなことで簡単に諦めてしまってはいけないと思う。一度や二度の失敗でくじけたり諦めるというような心弱いことでは、ほんとうに物事を成し遂げていくことはできない。世の中は常に変化し、流動しているものである。一度は失敗し、志を得なくても、それにめげず、辛抱強く地道な努力を重ねていくうちに、周囲の情勢が有利に転換して、新たな道が開けてくるということもあろう。世に言う失敗の多くは、成功するまでに諦めてしまうところに原因があるように思われる。最後の最後まで諦めてはいけないのである」PHP総合研究所『松下幸之助「一日一話」仕事の知恵・人生の知恵』PHP文庫、一九九九年。

（23）詳細は次の文献に詳しい。牧瀬稔『政策形成の戦略と展開―自治体シンクタンク序説―』東京法令出版、二〇〇九年。

（24）一方で、不信感は持っているが、地域の衰退に危機感を持っていない地元住民の存在も地域再生の成功に結びつかないとも考えている。この点は、本文においても指摘した。なお、ここでいう「衰退」は筆者が捉えた衰退であり、地元住民は「衰退」と思っていないことが多い。

地元住民は、その地域に長く住み生活を営んできた。その過去の延長線上に将来も考えるため、必ずしも将来に対して強度の危機感を持っているわけではない。多くの地元住民は「過去も何とか乗り越えてきたので、食べていけなくなることはないだろう（死ぬことはないだろう）」という認識である。そのため、多くの地元住民は積極的に地域再生に向けた行動を起こすことはない。

地域再生に向けて積極的な行動を起こす地元住民に共通していることは、他地域に住んだ経験がありその地域と自分たちの地域を比較できる住民や、自ら情報を収集して自分たちの地域が遅れていると認識している住民などである。
(25) 国土交通省が実施した「「新たな公」によるコミュニティ創生支援モデル事業」における募集要項による(http://www.mlit.go.jp/kokudokeikaku/aratana-kou/index.html)。
(26) 協働の持つ意味は多義的である。筆者が住民等に説明する時は、次のように述べている。それは「協働の「協」という字に注目してほしい。この「協」の右は三つの力から成立している。この三つの力は「住民」「企業」「行政」を意味している。そして「協」の左を見ると「たす（＋）」という意味がある。すなわち、住民と企業と行政の力がたされて働くところに協働の意味がある」と紹介している。
(27) 河村十寸穂・斉藤昌男・原純輔『都市と市民参加』有隣堂、一九八四年。
(28) 合意形成には、次の三形態がある。第一にPU（パブリック・アンダースタンディング）である。PUとは、住民に行政活動を広く理解してもらうために、情報提供の仕組みを整備して人々の社会的学習の場を広げようとする試みである。次にPI（パブリック・インボルブメント）がある。PIとは、政策立案の段階で住民の意見を吸い上げようとするために、人々に意思表明の場を提供する試みである。つまり、政策をつくる初期の段階で、広く市民に「参加してもらう」ということを意図している。第三にPC（パブリック・コンセンサス）である。PCは、住民に行政における政策形成に参画しているという意識や責任を持たせるために、合意形成を進めようとする試みである。

第五章　1727通りのまちづくり計画

——脱国土計画に始まる地域再生

本間義人

独自の「コンパクトシティ」づくりを進める青森市の中心施設（正面）．図書館やコミュニティセンターがある

1　市町村まちづくり計画の意味

　1727通りのまちづくり計画とは、全国1727の市町村（二〇一〇年四月一日時点）が地域再生のためにそれぞれ独自に策定するまちづくり計画のことを指している。

　このまちづくり計画は、地方自治法第二条第四項で「市町村は、その事務を処理するに当たっては、議会の議決を経てその地域における総合的かつ計画的な行政の運営を図るための基本構想を定め、これに即して行うようにしなければならない」と規定するものではない。また都市計画法第四条第一項でいう「都市の健全な発展と秩序ある整備を図るための土地利用、都市施設の整備及び市街地開発事業に関する計画」である都市計画でもない。さらにまた、社会福祉法第一〇七条が「市町村は、地方自治法第二条第四項の基本構想に即し、地域福祉の推進に関する事項として次に掲げる事項を一体的に定める計画（以下「市町村地域福祉計画」という）を策定」するとしているそのものでもない（ちなみに同条が「以下」に掲げる事項とは、①地域における　福祉サービスの適切な利用の推進に関する事項、②地域における社会福祉を目的とする事業の健全な発達に関する事項、③地域福祉に関する活動への住民の参加の促進に関する事項、の三項目）。

　ましてそれは国土計画の延長線上のものではない。国土計画とは、国土総合開発法（一九五〇年制定）に基づき、六二年にスタートした一全総に始まり、九八年策定の第五次計画（この計画のみ名称は「新しい全総計画―21世紀の国土のグランドデザイン」）まで半世紀近くにわたり、地域を支配してきた全国総合開発計画であり、その後、六全総に代わるものとして〇八年制定の新法（国土形成計画法）により策定された国土形成計画（全国計画）に基づき各地でつくられる広域地方計画に沿うものではない。

これまで地方自治法第二条第四項による市町村のいわゆる地域計画、ないし長期計画などは、この全総計画の末端計画として位置づけられてきた。つまり全総計画を最上位計画として順番に策定されていくブロック別総合開発計画、都道府県総合開発計画の最後の地域計画と位置づけられてきた経緯があるが、そのようなものではないということである。

この国土計画について福井県の西川一誠知事は「（現在の）都市と地方の格差は、国土政策の問題だ」といっている（『ふるさと」の発想―地方の力を活かす』岩波新書）。同知事は、国土政策に基づく国土計画が、日本の国際競争力を高めるために公共投資を効率的に行うとして、経済発展に伴い広がりがちな都市と地方の格差を是正しうるような公共投資を地方に求める考え方に偏って展開された結果がもたらしたのが、今日の地方における疲弊だというのである。

西川知事はいう。福井県はかつては豊かな県だった。眼鏡と繊維の地域産業がその豊かさを支えてきた。この二つの地域産業がグローバル化のなかで厳しい局面に立たされ、その影響を受けて福井市の中心市街地は寂れる一方で、人口は二五年前の半分以下、高齢化は三〇％を超えるにいたっている。自立した共同生活が維持できなくなる「限界集落」に近づきつつある。農業や漁業もまた厳しい。

ひるがえって「都市は地方が支えている」といっていいのではないか。水も電気も地方が供給している。人材も地方から出ている。出生率も地方が大きい。都市部の社会資本の蓄積は地方に蓄えられてきた富によって築かれてきたものではないか。なのに都市が栄え、地方が寂れるのはおかしい。この原因は国土政策にある。

これは国土計画が地域間格差の解消をうたいながら一貫して、経済合理主義に基づく集中投資を太平洋メガロポリスに行い、加えて地方への産業立地や諸計画がことごとく失敗に終わった結果、さらに効率のいい都市への集中が加速され、地方がより疲弊化していった経緯を指して批判しているといっていい。さらに同知事は、国土計画には限界と欠陥とが付きまとうのに、それに目をつぶって、これを地方に押し付けてきたのがそもそも誤りだったとするのである。これは地方の眼で見た国土計画の実態を的確に指摘しているといっていいだろう。したがってここでいうまちづくり計画とは、国土計画の延長線上のものでもない。

あらためて地域というものを考えると、それはそこで暮らす人々の生活空間と、その人々の生活を支える生産空間と公共空間から成っている。ここでの主権者は住民である。したがってまちづくり計画とは、この三つの空間を包含しつつ、そこでの主権者たる人々の人権たる暮らしの安心・安全を保障し、その暮らしをより豊かなものにするにはどうしたらいいかの道筋を示すものでなければならない。では、この計画をだれがつくるのか。

かつて故西山夘三・京都大学名誉教授は、地域住民は自ら人間としての生活を営むうえでの居住権・環境権を守るために地域計画権を主張しなければならないといっていた（西山『まちづくりの構想』都市文化社）が、その道筋、つまり計画をつくるのは当然のことながら主権者である住民自身でなければならない。西山は、東京を頂点として策定された国土計画は、封建時代に領主が地域空間を支配していたのとまったく変わらない構図ではないかといっていたが、とするとわが国では民主国家になってからもほぼ半世紀以上にわたり、民主国家以前の発想により地域計画も展開されていたことになるといってもいいすぎでないことになる。

そうでない、住民主権の考え方は国際的にも一般化されていて、たとえば一九七二年にカナダのバンクーバーで開催された国連人間居住会議（ハビタット）では、「すべての人々は、その人間居住政策および計画の施行と評価に参加する権利と義務を有する」という原則を掲げた「人間居住宣言」を採択している。その「行動計画」では「人間居住における住民参加は、とくに計画の方針決定、策定、実施および管理において不可欠の要素である」としている。これを見ても人々が、自ら居住する地域の計画をつくる正当性を主張しうることが理解されよう。

その地域の計画は市町村の数だけ１７２７通りつくる必要がある。なぜ１７２７通りでなければならないのか。それは１７２７の市町村それぞれが（平成の大合併によりだいぶ希薄になったとはいえ）異なる歴史、伝統、生産、生活を有しているからにほかならない。つまりそれぞれ別の生活空間・生産空間・公共空間を有しているからにほかならないといっていいだろう。人口規模もまた違う。それを都道府県単位、あるいは流域別、鉄道沿線別という括りで地域を固定化しては、各市町村の特色や地域における施策の優先順位が無視される恐れが生じてしまうことになるからである。さらに上から下へおろされる計画では、地域の実態が反映されない。それをやってきたのがかつての国土計画であり、その結果が西川知事が指摘する今日の地方の疲弊なのである。したがって、地域のまちづくり計画は地域自らつくらなければならない。それが１７２７通りのまちづくり計画というわけである。西山は前記著書で、それを「住民主体のまちづくり」計画といっていたが、ここに地域再生のキーワードが凝縮されているといっていいだろう。

したがってこのまちづくり計画は、全総計画の延長線上にあるものでなく、全総計画を否定する発想のもとにつくられなければならないのは当然である。あらためて全総計画がこの日本列島にもたらしたひずみを一全総にさかのぼり見てみると、その理由が理解されるにちがいない。

2　全総計画は何をもたらしたか

全総計画の最大の特徴は、一貫して経済計画からブレークダウンされたものであったことである。さらに国土計画に付随した中央主導の全国的な開発計画と社会資本整備計画を持ち、その計画内容と計画構造が半世紀近く引き継がれてきたことである。

①一全総

一全総は、池田内閣の「国民所得倍増計画」を実現するための戦略としての役割を負わされ、空間的には四大工業地帯に産業立地を重点的に進めるほか、それらの中間地点に中規模の新工業地帯を造成整備して、高度経済成長を可能にしようとした。この中間地点の新工業地帯こそが新産業都市一五カ所と準新産業都市とも言うべき工業整備特別地域六カ所にほかならない。一全総はこれを「拠点開発方式」と呼んだ。

この拠点開発により、日本列島のほぼ全域にわたり工業基地が立地することになる。それら多くが重化学工業の臨海コンビナートであった。しかし、それら計二一カ所の新工業地帯のうち、今日成功したと評価されているのは大分、水島（岡山県南）、周南（山口県）、鹿島などの数カ所にすぎない。しかし、その「成功」というのも、あくまで国や企業にとってであり、地域にとっては今日、逆にお荷物になっていることが戦後経済史や地域開発に関する文献は指摘している。新産業都市、工業整備特別地域を誘致した自治体の多くは用地の造成、社会資本整備などの自前の公共事業で莫大な借金を抱えることになり、なかには工業用地がいまだ売れず、なお借金の返済を続けているところもある。しかし、全総計画におけるプロジェクトを誘致したあげく、残ったのは借金だけという自治体は、この後の二全総以降も国のプロジェクトに乗り続けることになる。まさに省懲りなくである。

さらに大きな一全総の負の遺産は、わが国を公害列島化したことで、それは国土計画を策定した経済企画庁、国土庁（七四年に発足して、策定業務を経済企画庁から引き継ぐ）が自ら行った総点検作業により明らかにされている。

公害、つまり環境破壊は産業活動の巨大化、都市化の進展にともない、大気汚染、水質汚濁、騒音、振動、汚臭、土壌汚染、地盤沈下の典型七公害として全国的な広がりを見せる。それら公害の苦情件数は六八年度に二万八九七〇件であったのが、一全総スタート約一〇年後には八万六七七七件と三倍に増えているから、その凄まじさがわかるというものである。

しかし、自治体をふくめ地域住民がそれだけの犠牲を払ったにもかかわらず、計画が目指したはずの過密・過疎は解消するどころか、逆に人口の三大都市圏への、なかでも東京圏への集中は加速するばかりで、国が目標とした高度成長は確かに実現したものの、国土計画としては破綻としかいわざるをえなかったのが一全総であった。

②二全総

一全総に代わり二全総（当時は「新全国総合開発計画」と称された）が策定されスタートしたのは一九六九年である。一全総は結局七年で打ち切られたことになる。

この二全総は、佐藤内閣が閣議決定した新経済社会発展計画を受けて、高度成長をさらに持続させることを目標に策定された。それは一五年後の経済の実質規模が三倍に達する数字であり、二全総はそれを実現する役割を担わされる。すなわち、ここでも国土計画は経済主義に基づくもので、一全総の教訓はまったく生かされなかったことになる。

経済目標を達成するための二全総の主要計画主題は三つからなっていて、その一は国土開発の骨格として新しいネットワークを形成すること、その二は産業開発プロジェクトとして大規模工業基地建設を推進すること、その三は国土空間全体を環境と捉えて、その保全を目指すというものであった。

ネットワーク形成とは新幹線、高速道路、幹線航空路、通信網を指している。これにより南北に細長い日本列島の地域間時間距離は著しく短縮され、地域間格差は解消されるというわけである。大規模工業基地とは北から苫小牧東（北海道）、むつ小川原（青森県）、西瀬戸内（愛媛・福岡・大分県）、志布志（鹿児島県）の四地区を指し、それぞれ基礎資源型の大型臨海コンビナートを建設しようというものだった。

この結果、莫大な公共投資により新幹線と高速道路のネットワークは列島中に張りめぐらされることになったが、大規模工業基地はいずれも挫折したままであるのは知られる通りである。苫小牧東ではいまなお売れ残りの用地が多く、むつ小川原は原子燃料リサイクル基地に変身せざるをえなくなり、西瀬戸内は中止、志布志は飼料等の集積基地になっている。

おりから発表された田中角栄の列島改造論が大型開発路線のこの二全総と重なり合い、投機的土地買占めにより、列島中の地価が高騰することになり、「土地神話」という言葉を生んだこともまだ記憶に新しい。この過程で政・官・財の癒着がますます強まり、リクルート事件など多くの汚職事件が摘発されたのも知られる通りである。

③三全総と四全総

この二全総の後始末をするために策定されたのが、一九七七年にスタートした三全総であり、八七年スタートの四全総である。

三全総は当時の大平内閣が掲げた田園国家構想を受けて、流域圏別に定住圏を設定し、住民の定住を図ることを計画主題とした、これまでの全総計画とは一味違った開発戦略を示して注目はされたが、とはいえ、三全総、四全総ともにまたも初期の目標を達することなく終わった。それは政・財界の圧力により、結局のところ計画に付随させるかたちで大型開発プロジェクトを列島中にバラまくことになってしまったからである。それは二全総の修正どころか、一全総に逆戻りしたものでしかなかったのである。

その大型開発プロジェクトとは、三全総ではテクノポリス（高度技術集積都市）、四全総ではリゾートである。テクノポリスについては八七年に法が制定され、全国で二六カ所で開発が進められることになる。そのうち現在、軌道に乗っているのは全国で数カ所に過ぎない。リゾートは、ときの中曽根内閣による大都市を対象とした民活法の地方版といえるリゾート法（総合保養地域整備法）までつくり、さまざまな特典を付与して、全国四一カ所で、開発が進められる。その結果、列島中の山林原野で土地買占めが起こり、住民の地域脱出と、二全総のときと同様の地価高騰を招く。

リゾートも成功したといわれるのは、全国で数カ所。なかには外資に身売りしたところも出ている。現在の地方の地域の疲弊と荒廃はここから始まったという指摘もある。

三全総、四全総がなぜ、そのような始末に終わったのか。それはともに一全総、二全総と同じく大型公共事業を中心に計画を進めることに腐心していたからにほかならない。三全総の流域圏別の定住構想にしても、その定住圏を整備するのにあまたの公共事業が列挙されていた。四全総では、多極分散型国土の形成を推進するとして法律まで制定したが、その方策とされたのは、多くは公共事業でしかなかった。そして共通していえるのは、いずれも中央および政治主導、経済主義で貫かれていたことであった。中央の省庁は地方の地域の実態を把握していないし、政治は利益誘導でしか動かないし、財界は第一次産業に目を向けるよりも企業利益優先であったし、それらが複合して計画が展開されていったので、地域住民は置き去りにされていくばかりだったのである。

④五全総

一九九八年にスタートした「新しい全国総合開発計画」は、国土庁、国土審議会関係者が次の全総計画はこれまでの延長線上でないものをつくる、したがって五次計画とはしないといっていて、その名称は「新しい全国総合開発計画―21世紀の国土のグランドデザイン」とされたが、しかし、これはどう読んでも「五全総」といっていいものであった。計画ではまず列島上にこれまでの国土軸（太平洋メガロポリス）とは異なる新国土軸を設定し、これと互いに結び合う地域連携軸をつくり、それらの線上で地域住民が交流可能な地域をつくるのを開発戦略としたところに新しさがあるといえばあった。

さらにこの五全総で目新しいのは、どういう国土をつくるのか、その目標を掲げたことであったが、それは「庭園の島」にすることであるとした。そのために日本列島にタテヨコ複数の国土軸を設けるというものであった。「庭園の島」というなら、開発の手はなるべく加えないとなるはずであるが、そうではなく国土軸上には伊勢湾口道路や紀淡海峡大橋、関門海峡道路、豊予海峡道路などの巨大プロジェクトが構想されている。つまり、これまで太平洋ベルト地帯に偏っていた巨大公共事業を日本列島のあらゆる地域の軸上で行う宣言をしたのが、この五全総であり、「庭園の島」とは言葉遊び以外の何ものでもなかった。

さらにリニアモーターカーの早期実現、一万四〇〇〇キロの高規格幹線道路と、六〇〇〇～八〇〇〇キロの地域高規格道路の建設、光ファイバー網の全国整備等々、まさに公共事業のオンパレードが「これまでの延長線上でない」五全総の内容であったのである。高度成長はもはや望めない時代にこうした計画が策定されたとは、経済主義どころか現実離れしていて、経済の実態を知らなすぎるとしかいいようがない。

五全総は、この計画を担うのは国民の「参加と連携」であると、まず「参加」の環境を整備するために情報の公開、民間資金の活用、地方分権の推進、住民参加を挙げていた。「連携」とは行政区域を超えた地域間のそれを指し、国が支援、促進するとしていた。しかし、この五全総進行中の地方分権の大きな流れの中で、それらの環境・条件が整備されることはなかった。つまり、この計画も画餅に過ぎなかったわけで、その原因もまた四全総のところで述べたのと軌を一にするのはいうまでもない。

それまでも筆者はこうした全総計画を批判し（『国土計画の思想』日本経済評論社）、一九九九年には全総計画不要論を述べている（『国土計画を考える』中公新書）が、五全総の計画期間（一〇年間）が終わりに近づくにつれ、国もようやく国土計画のあり方を見直すことになる。その結果、全総計画の根拠法である国土総合開発法を廃止、新たな発想のもとに国土計画を策定すると、同法に代わる国土形成計画法を二〇〇八年に制定することになるのである。この法律に基づき、二〇一〇年の時点で展開中なのが国土形成計画（全国計画と広域地方計画）というわけである。

全総計画の反省のうえに立ったものとすれば、それはまったく新しい発想によるものでなければならない。それは従来の開発計画・行政の指針をなぞらうものでなく、疲弊・荒廃して貧困化が進み、ところによっては出口を見出せずにどうにもならないでいる地方の地域を再生させるための具体的方策を示すものでなければならない。はたして国土形成計画はそのようなものになっているだろうか。そうした観点から国土形成計画を読んでみよう。

3　全総計画コピーの国土形成計画

国土形成計画の構造をまず見ておこう。同計画は全国計画と広域地方計画の二層の計画体系となっている。広域地方計画とは、国土形成計画法で制度化されたもので、「関係する国の地方支分部局、地方公共団体、地元経済界などからなる広域地方計画協議会における協議を経ることとしており、各ブロックの自主性を重んじつつ、地域の実情に即した即地的・具体的な内容が盛り込まれる」と説明（国土交通省広報誌『国土交通』〇八年六月号）されており、各ブロック（東北圏、首都圏、北陸圏、中部圏、近畿圏、中国圏、四国圏、九州圏）で策定されることになっている。なぜ、このような構造になったのか。国土交通省は「分権型の計画づくりを目指し」（〇八年度版『国土交通白書』）たものだと説明している。

そこで、いやでも振り返ざるをえないのは、全総計画におけるその計画構造である。それは上から下へ、つまり上意下達の垂直構造がみごとに貫徹されていた。

すなわち国土計画、あるいは社会資本整備計画の最上位にあるのは全国総合開発計画であり（国土総合開発法による）、その下に首都圏、近畿圏、中部圏の各整備法のほかに北海道総合開発法、東北開発促進法などのブロック法があって、それに基づく各ブロック総合開発計画があった。行政区域にとらわれない特定の区域を対象とした特定地域総合開発計画というのもあった。さらにそれらの下に北海道と四六の都府県総合計画（ないし長期計画等の名称を使っているところもある）があり、これはさらに市区町村の計画に続く。市区町村の計画といえども、最上位の全総計画の枠内におけるものであり、全総計画を逸脱して策定することはできなかったのである。むしろ、各ブロック計画以下の諸計画は全総計画の内容をそのままなぞったものが多かったのが実態であった。

逆に地方にとっては、自らの開発計画に盛り込みたい事柄を全総計画に示してもらえれば、それがトップダウンされてくるのだから都合がよい。そこで地方から策定当局に対し、知事、市区町村長などが政治家を巻き込み、その旨の強い要望を繰り返し行うことになる。それらの多くは社会資本整備の美名に隠れた公共事業である。全総計画はそうした中央と地方のもたれあいの関係も一方では有し、それが成り立っていたといっていいだろう。具体的にその例を示しておこう。

五全総が閣議決定された直後の九八年四月に当時の建設省九州地方建設局（現国土交通省九州地方整備局）が「九州国土構想21—五つの基幹連絡軸による国土づくり」という九州圏の長期開発構想を発表している。同局の諮問機関「次世代の国土づくりを考える九州地方懇談会」が策定した。もちろんこれは国土庁の五全総の策定作業と平行して、その内容の指示を受けつつ同懇談会がまとめたものである。でなければ五全総の閣議決定後ただちになんていうことはありえない。

それをあらためて見ると、「九州国土構想」は九州における基幹連携軸として九州北部、同西部、東九州、九州中央、九州海洋島嶼の五つを示しているが、これは五全総が描いている主要地域連携軸と同じものであり、九州地方建設局はこれに沿って重点的公共投資を行うことを宣言したものにほかならない。それは主要国道、地域高規格道路の整備、広域的な河川整備・ダム事業等々であり、これらに計画的投資がなされると説明されているのである。全国的には新国土軸上に海峡大橋などの巨大プロジェクトを構想する、九州などの地方圏では地域連携軸上に公共事業を展開するというわけで、上から下への計画構造がみごとなまでに貫徹されていることがわかるのである。ここからは地域住民の生活はまるで見えてこない。

このときには中央と地方の逆の関係についても、その具体的関係が炙り出されている。すなわち五全総の閣議決定を前に当時の平松守彦大分県知事は「国土構造の一極一軸から多極多軸への転換は、地方が主張したことであり、それが受け入れられた」(『西日本新聞』九八年三月二六日夕刊)といっている。また、「とくに豊予海峡道路などが国家的プロジェクトに明記されたのは大分県を含め一八府県八経済団体の一〇年にわたる取り組みの成果だ」(『読売新聞』同三月二七日朝刊)としていたのである。これはまさに中央と地方のもう一面、もたれあいの関係を示す以外の何ものでもない。知事までが住民の生活より巨大プロジェクト優先だったのである。実はこうした中央・地方の複線的な歪んだ関係をただすことこそ、国土形成計画(全国計画)の眼目でなければならなかった。

今回、国土形成計画(全国計画)の策定に当たっては、国土交通省の各地方整備局ごとに検討会が開かれ、またインターネット上で計画の中間報告に対する国民の意見が公募された。「インターネットでつくる国土計画」というものであった。これらをもって国土交通省は、地方および国民の意見は十分反映されたとしている。

また各地方圏ごとに広域地方計画を策定するために「広域地方計画プレ協議会」が開かれた。たとえば九州では地方整備局により九州圏広域地方計画プレ協議会が複数回開催されている。出席したのは九州七県の幹部、経済団体代表者、学者などである。また知事会の検討会も開かれているが、それらの会合でまとめられた広域地方計画の内容は、一つは新しい九州像について、もう一つは戦略目標について触れられているが、それは国土形成計画（全国計画）の九州版そのものでしかなかった。

どうして、そんなことになったのか。実は国土形成計画（全国計画）の取りまとめに当たった国土審議会委員がプレ協議会の委員長を務めていた。同氏は五全総のときも同じような立場にあった。九州の場合はあるいは特殊かも知れないが、国土交通省の本省や地方整備局と関係の深い学者などが各地にいることは、知る人ぞ知る事実である。それらの人々が広域地方計画策定をリードしていたとすれば、全国計画をブレークダウンしただけのものにしかならないのはやむをえないことになる。また、それを支える知事や経済界の参加により、先の大分県知事の言にあるように、いかに地元の企業などにに有利なものにするかになってしまう。そこでは地域の第一次産業などを担う住民の声はなかなか反映されないのは当然のことになる。

国土形成計画（全国計画）の策定に関わった森地茂氏は「これはかつてのような広域ブロック計画ではない」といいながら、「広域地方計画とは別に道路や港湾などの社会資本整備重点計画があり、両者は車の両輪と位置づけている」（『国土交通』、〇八年六月号）といっているのは、語るに落ちるものといっていいだろう。つまり、広域地方計画は中央がつくった各種社会資本整備計画を補完する役割を担わされているわけである。そこにはまぎれもなく中央の意思が貫徹される仕組みとなっているのである。

この広域地方計画を受けて都府県の次の総合計画ないし長期計画が策定されていくことになる。また、その都府県の計画にならって市区町村の計画がつくられることになる。これは従来全総計画がとってきた策定構造とまるで変わらない国・地方の関係といっていいだろう。そこには全総計画の反省どころか「分権型の計画づくり」のカケラも見られない。市区町村の計画がそのようにしてつくられるとしたら、地域を再生するのはまず不可能といっていいだろう。

＊＊＊

次にその計画内容について見てみよう。

五次にわたる全総計画は、いずれもときの政権が掲げるスローガンを主要計画主題としてきた。一全総の所得倍増のための高度成長戦略、二全総における列島改造、三全総の田園国家構想、四全総における民活、五全総の地球時代における列島のイノベーションがそれである。同様に国土形成計画（全国計画）では、「東アジアとの連携」が前面に出ている。いうまでもなく、これは当時の福田内閣のスローガンであった。

この「東アジア」は、まず同計画の第一部「計画の基本的考え方」で触れられているが、それは東アジアの近隣諸国といかなる相互協力のもとに友好関係を築いていくかという観点ではなく、経済的に台頭するアジアとの経済関係を重視し、その活力をわが国にいかに取り込むかに重点が置かれたものである。そこでとくに重視されているのは、それらの国々の資源・エネルギー・環境問題である（このアジア観は、最近のアジア情勢を見る限りだいぶずれているように思われるが、ここではそれには触れない）。

したがって計画がその第一に掲げる「新しい国土像実現のための戦略的目標」においてもアジアとの関係がまず取り上げられてはいるが、それは「東アジアネットワーク型の産業構造下におけるわが国産業の強化」であり、「円滑な交流・連携のための国土基盤の形成」であるということになってしまう。たとえば交通分野では、コンテナ輸送の基幹航路が日本海を経由する度合いを増しているので、日本海側の港湾整備だということになる。

あるいは「アジアゲートウエイとしての国際交通・情報通信拠点機能の拡充に加えて、東アジア諸地域と直接交流するための広域ブロックゲートウエイとしての国際港湾および空港の有効活用ならびに道路、鉄道等アクセス網の充実を図り、わが国における重層的かつ総合的な交通・情報通信ネットワークを戦略的に形成していく」となってしまう。いわく「東アジアに高付加価値の基礎素材や部品を供給していくことにより、産業競争力の強化を図っていかなければならない」からだというのである。これは国土計画なのか、それとも産業計画なのか、しばらく目を疑ってしまう文章に驚くのは筆者一人だけではあるまい。政権のスローガンさえ、大型公共事業実施の理由にしてしまうのには、むしろ見事としかいいようのない策定当局のしたたかさを感じてしまう。

ちなみにこれを受けて二〇〇九年八月、国土交通省九州地方整備局がまとめた広域地方計画では、全国計画のそうしたコンセプトを新たな九州像のあり方の第一に挙げて「東アジアの成長と連動し自立的に発展する九州圏」を形成することだとしている。事実、その計画内容においては、そのような戦略目標を具体化する手段として空港、港湾などのさまざまなインフラ整備が盛り込まれている。

それは九州圏広域地方計画に大きな影響力を待つ学者の一人が「東アジアの成長の風を直接受けながら産業集積をうまく進めていく」ストーリー（国土交通省広報誌『国土交通』〇八年六月号）を県庁所在都市や基礎生活圏などにいかに展開できるかが課題だといっているのを受けているからにほかならない。もともと九州、なかでも福岡県などには東京より上海、釜山に近いという気質があり、かつての建設省九州地方建設局は五全総に関門海峡大橋が取り上げられたさいには、その建設が既成事実であるかのような受け止め方をしていて、いずれは関釜トンネルもとしていたくらいのところである。この「東アジア」を受けて、目一杯の公共事業整備計画が出てきているのが広域地方計画の実態なのである。

というのも広域地方計画のもととなる国土形成計画（全国計画）そのものが、実は公共事業志向の内容であるからにほかならない。

＊＊＊

国土形成計画（全国計画）は、五次にわたった全総計画と違ってデベロップメント（開発）の計画ではなく、マネジメント（国土の管理・運営）の計画であるとされている。その名称が「開発計画」でなく「形成計画」とされたゆえんもそこにあるといわれているが、はたしてそうか。この全国計画を読むと、確かに従来の全総計画がそうであったように公共事業のカタログ集にはなっていない。つまり、その名称、地名、その量などの具体的記述は見当たらない。それはきわめて用意周到に書かれている。逆にそこには国土交通省の執念を見る向きもあるに違いない。

たとえば「交通・情報通信体系に関する基本的体系」では陸上交通網の形成について触れられているが、そこでは「四全総、五全総では、国土を縦貫あるいは横断し、全国の主要都市間を連結するものとしては一万四〇〇〇キロの高規格道路網が構想された。地域相互の交流促進等の役割を担う地域高規格道路と一体となった規格の高い自動車交通網は、地域の自主性のもとに進められる広域ブロックの自立的な発展に向け、大都市圏及び拠点性の高い都市を結ぶ高速鉄道網とともに、基幹的な高速陸上交通網の役割を果たすことが期待される」という、全総計画を引用するもって回った書き方で、今後も高速陸上交通網の整備は不可欠だとしている。その上でこう述べているのである。

「具体的には、道路に関するこれまでの沿革に沿って、最新の需要統計などを踏まえ、真に必要な道路整備は計画的に進めることとし、高規格道路をはじめとした基幹ネットワークのうち、県庁所在地など主要都市間を連結する規格の高い道路、大都市の環状道路、拠点的な空港・港湾へのアクセス道路や国際競争力の確保のための道路などに重点を置いてコスト縮減を図りつつ効率的な整備を推進する。湾口部、海峡部等を連結するプロジェクトについては、長期的視点から取り組む」

これはどういうことを指しているのか。道路については、一万四〇〇〇キロの高規格道路は必要なので、計画通りにその整備を進める。湾口部と海峡部プロジェクトについても前の全総計画にしるしてあるように調査等を進めていくということにほかならない。

湾口部、海峡部プロジェクトとは一部を前述しているが、東京湾口道路、伊勢湾口道路、紀淡連絡道路、豊後伊予連絡道路、関門海峡道路、島原天草長島連絡道路の六つの長大橋を指す。関門海峡道路については、九州では既成事実と受け止められていることはすでに述べている。

道路整備については、道路特定財源による今後一〇年間の整備計画が〇八年の通常国会で野党側から問題視されている。この国土形成計画は同年四月にスタートするはずだったが、それが七月にずれ込んだのは、四月以前に閣議決定すると国会でさらに追及される。それをかわすためだったとされている。そうした肩すかし的手段を使ってまで国土交通省は道路、長大橋整備にこだわった。つまり、この国土形成計画（全国計画）は同省の道路、長大橋整備の決意表明といっていいのである。

道路、長大橋以外の公共事業についてはどうか。

まず東アジアとつなぐことになる海上輸送に関して触れられているのは、三大湾と北部の拠点港湾、複合一貫輸送網の拠点港湾、地域の産業・エネルギー港湾施設の機能強化を図ることが述べられている。ここでも三大湾と北部九州以外の具体的地名や港湾整備の量についてはしるされていないが、いわんとしていることは道路同様に必要なところについてはやるということである。しかし、港湾だけ整備しても港から運び出すものがなければ、すでに整備された港湾が釣堀と化している例の二の舞になってしまう。そこで必要なのは産業立地のための基盤整備だということになる。そのために「企業立地促進等のために地方公共団体が行う主体的取り組みに対し、国は権限委譲や立地企業の設備投資支援など、国はこれを支援する」としているが、これは三全総がテクノポリスで、四全総がリゾートでとった手法とまるで同じであることに気づかざるをえない。

しかもこの策は、何十年も前の一全総のときの新産業都市誘致で造成された工業用地や、二全総が予定した大規模工業基地の土地にまだ売れないでいるのがあるのを見れば、歴史認識と実態経済にまったく疎すぎると指摘せざるを得ない乱暴なものといえる。さらには東アジアと世界を結ぶアジア・ゲートウエイとしての大都市圏国際空港の整備だという。これらは国土交通省や国土審議会がいかに抗弁しても、デベロップメントであり、決してマネジメントなんかではないといっていいだろう。

今日、列島の各地で待たれているのは、国土のなかで疲弊・荒廃にともなう貧困化に直面し、資源・生活環境の存立が危うくなっている地域をいかに再生し、地域における人々の暮らしをいかに安定させるかということである。そのために必要なのは、人々が地域で食べていけるための方策であろう。つまり、多くの人々が生業としている農業・林業・漁業の第一次産業をいかに活性化するかということである。これこそ短絡的なデベロップメントではなく、現にある資源のマネジメントの問題といえる。

そうした観点から国土形成計画（全国計画）で、第一次産業をどうしようとしているかを見ると、これがまた地方の地域の実情にあったものではない。たとえば農業は食糧の安定供給を大前提にそのあり方が考えられていて、農家が食べていける農業を回復させるにはどうしたらいいのかの視点がまったく欠如しているのである。

食糧の安定供給が大前提であるから、ここで述べられているのはまず農業の担い手の育成・確保と、それぞれの競争力を強化することである。そのための営農組織を育成することである。その基礎条件を整えることである。その基礎条件とは、情報通信やゲノム科学等の先端技術を積極的に取り入れることであるという。

あるいは農用地の利用集積を図ることが重要で、圃場の大区画化等の構造改善が必要であるというのである。これは法人などの大規模農家を視野に置いた考えで、しかもその手法としているのは、圃場の大区画化といった農業土木事業である。ここには、たとえばコメからムギへといった柔軟な発想はない。さらになぜ農業の担い手がいなくなってきているのか、なぜ面的大規模化が進まないでいるかといった現在の農業が直面している理由をいっさい無視して、やみくもに農業の規模を大きくさえすれば生産性が向上し、市場での競争力が強化されるはずという新自由主義に基づく短絡的発想しか見られない。こうした農業の未来像しか描けないでいるのは、計画自体がいぜんとしてキャッチフレーズとは裏腹に、相変わらず農業をもデベロップメントの対象としか捉えていないからであろう。

林業についても同様である。林業の不振、それにともなう森林の荒廃を救うには森林の管理システムを改善して、適切な木材利用を推進することだという。ここでもわが国の木材価格が安い外材に立ち向かえなくて、その結果として林業から撤退する人々が増え、森林が荒廃していっている現状認識がまるでないのである。これでは人々が林業で食べられるようになり、森林が回復することにはならない。

国土交通省が計画を策定するに当たっては、関係各省庁や同省内各局からヒアリングし、他省庁などが考えていることを計画に反映させる仕組みがとられているが、その結果がこういうものでしかないとすれば、これは悲しむべきことである。それは第一次産業以外の他の分野についてもいえることで、それら現実とのミスマッチが、この計画を従来の全総計画と同様に開発志向、社会資本整備の名のもとの公共事業重視のものにしてしまったといえる。

このように国土形成計画（全国計画）を見ると、その構造といい、内容といい、この計画がまぎれもなく全総計画の延長線上にあることがわかる。つまり、過去の全総計画の反省のうえに立って、発想の転換をした計画どころか、これは五全総の次の「六全総」でしかない代物といっていいだろう。こうした計画のもとに区市町村計画をつくっても、地域再生につながるはずがない。

しかし、なぜこの計画は全総の域を超えることができなかったのだろうか。

それに対する答えの一つは、国土交通省をはじめ中央各省庁になお根強く「上意下達神話」が存在していることである。それは裏返すと、いぜん中央には地方の行政力は当てにならないという不信感が存在していることである。だから国が何もかもやらなければならないということになる。それは戦後、地方自治がスタートして以来、延々とこれまで続く中央と地方の関係にほかならない。地方はこの関係を解消しなければならない。

もう一つは、中央省庁に相変わらず「公共事業神話」が存在していることである。公共事業を数多く実施すれば地方経済が活性化するという一全総当時の経済観にいまなお捉われているのである。それは確かに地方の建設業には通用するかもしれないが、そうした意図があるとすれば、それは中央省庁がこれまでの地方建設業とのもたれあいの関係をなお継続しようとしているとしか受け取れないだろう。これでは国の財政も地方財政ももはや破綻あるのみであることはだれもが承知している。

さらに指摘できるのは、国土交通省の計画の策定作業に大きく関与している国土審議会のあり方である。この審議会には同省と関係の深い学者が数多く加わっていることは前述している（一般的に政府の審議会・懇談会ではそういうケースが当たり前になっている）が、それらのメンバーには、これまで複数の全総計画策定の審議に参加している学者も多い。その人々は国土交通省にとって都合がいいから継続してメンバーに加えられている。それらのメンバーに本質的な発想の転換を期待するのは、あるいはないものねだりといっていいかも知れないのである。

つまり、この国土形成計画（全国計画、広域地方計画とも）は表紙は変わったものの、その内容は過去の全総計画を引きずったままのものといっていいのである。すなわち、これは「六全総」そのものであり、したがって現在の時代環境にはそぐわない。いまさら「六全総」は不要である。

これは国の計画行政の限界を示す以外の何ものでもない。そもそも中央の霞ヶ関から地方の地域の隅々まで見ようということ自体がもはやムリな状況になっているのである。北から南まで、地域の変容は一様ではないし、すでに社会資本のナショナル・ミニマムはほぼ充足するにいたり、今後はそれぞれの地方がいかに地域に密着した生活社会資本のシビル・ミニマムの整備を図るかの時代に入っている。つまり「道・橋」時代からキメ細かなソフト政策の時代になっている。霞ヶ関からはそこまで見えるはずもない。とすると、中央がつくる国土計画は、それぞれの地域をその特性に沿いつつ、いかに豊かなものにするかより、大型公共事業プロジェクトにウエイトを置いた、いわば公共事業の投資計画にならざるをえないわけである。それが地域の再生につながるはずもない。

では国土計画はどうあるべきなのか。一ついえるのは、国土計画なるものはもはや必要ないということである。世界的に見ても、一時代前の社会主義国家はさておき、西側の先進国で国土計画を有している国はなかった。地域の計画は地方にまかされていた。わが国も今後はそれぞれの地方が、自らの地域の特性と実態に応じて、市区町村単位で独自に地域社会を創造していく計画を立てればいいのである。必要なら都道府県はそれらをまとめて都道府県計画とすればよい。

公共事業計画も地方がつくる。市区町村が自らの責任において、財源（地方分権により中央の行財政権限の財源が再配分が行われるとして）内で、最低限必要な公共事業の計画を立てる。都道府県がその枠内での調整と超過財源の措置を行うが、原則的には市区町村に計画と財源の責任があるから、陣取り合戦的、あるいはモノ取り主義的公共事業はなくなるだろう。そういうことをしていたら、たちまち財政が破綻して、市区町村長は責任を問われることになるからである。

しかし、中央の役割をなくしてしまうこともあるまい。一〇年に一度とか、切れ目のいいときに、わが国が目指すべき国家社会像のビジョンを示すことがあってもいいだろう（といっても「庭園の島」といった荒唐無稽のものでは困るが）。たとえば、わが国は今後、福祉国家を目指すのかどうか、福祉国家実現のために地域はどうあったらいいか、そんな国家社会のあり方を描くことこそ中央の役割といっていいだろう。

そして地域のことは地方にまかせる。また地方自治体には、地域の人々の生活の安心と安全を確保しなければならない責務がある。それは中央の政策・計画では担保不可能である。それぞれの地方が地域のまちづくり計画をつくらなければならない意味がここにあるわけである。

4　だれが、まちづくり計画をつくるのか

市区町村はこれまでも地域の計画をつくってこなかったわけではない。総合計画ないし長期計画、あるいはまちづくり条例などがそれに当たる。しかし、まちづくり条例を除いては（それでも都道府県の同意が必要であり、ままそのために市区町村が妥協せざるをえないケースもあったが）、全

総計画をはじめとする上位計画の枠内にとどまざるをえない制約があった。しかも、策定するのはもっぱら行政で、議会は関与せず、まして住民が参加することも少なかった。自治体によっては審議会のような組織をつくり、計画内容について意見を聴取している例もあるが、多くの場合形骸化していて、行政の隠れ蓑とされかねないでいる。そのために行政当局が首長の政治的意向を反映させたり、あるいはコンサルタントに丸投げして、中央の公共事業計画をそのままブレークダウンしただけの計画をまとめるケースもあったことは否定できない。

したがって、発想をあらためて新たな計画をつくるうえで必要なのは、まずそれが地域住民の生活と環境を守り、向上させるためのまちづくり計画であり、けっして公共事業の整備計画ではないのを確認することである。また、その策定主体も変わらなければならない。新たにその主体となるのは、行政と議会と住民でなければならない。この三者の関係は対等であって、一体となって地域のまちづくり計画を策定する。それが従来の上位計画のフレームに基づくものでなく、自主的計画であるからには、この三者はこれまで以上に力をつけて策定にのぞまなければならなくなるのは当然である。

自治体行政当局は政策立案能力をさらに磨かなければなるまい。これまで行政当局に自ら発想し、決定し、運営管理する自立的政策能力が十分に備わっていたかどうかを見ると、不安になるケースのほうが多かったといっていいからである。これまでの自治体は、理論的には地方政府であったが、地域社会における政策主体ではなかったほうが多かった。

議会も、執行機関の議案の追認機関的役割、あるいは住民の要求の単なる取次ぎ機関から脱皮しなければなるまい。立法機能という本来の役割を取り戻し、発想と具体的政策を行政当局と競う形で、計画策定に加わらなければならないだろう。

地域住民の側も、モノ取り要求型、あるいは反対運動型から脱皮して、自ら地域をつくっていく意識を高めなければならないだろう。つまり住民もこれからは政策・計画策定への参画が従来以上に求められている。かつて八〇年代から九〇年代にかけて各地でワンルームマンションや高層マンションブームが起きた時代、周辺環境の改変に危機感を抱いた住民により反対運動が盛り上がり、それが単なる反対運動からまちづくり憲章やまちづくり協定の制定につながっていったことがあるが、住民には地域の主権者としてそのように知恵を出し、行動し、自ら居住する地域をよくしていく計画への関与が待たれているといえる。まちづくり計画策定に当たっては、その関心が周辺環境のみならず、暮らしを支える生活・生産のあらゆる領域におよぶことがのぞましいのはいうまでもない。

これら行政当局、議会、住民がアクターとなって計画を策定する場としては、協議会的組織をつくるべきだろう。それは従来の審議会のような、当局があらかじめ作成した原案について追認する場ではなく、それぞれが暮らす地域の将来はどうあるべきか、一から議論して、もっとものぞましい地域像をまとめ上げ、それを実現するためには、どういう政策を、どう展開していったらいいかを煮詰めて、計画化していく機関である。社会福祉法による地域福祉計画は、法によってその策定過程における住民参加を保障している。同様にまちづくり計画（地方自治法による法定計画とするとすれば）においても住民参加は必須の条件である。

全国1727の市町村がそのような過程を経て、それぞれのまちづくり計画をつくる。そのようにして各地でまちづくり計画がつくられていけば、地域の実態を無視した国土形成計画の全国計画も広域地方計画も無用になる。いま、地方の地域を再生させるうえで待たれているのはこうしたまちづくり計画であることを地方自ら認識することに尽きるといっていいだろう。それは決して中央の計画にぶら下がっていれば、あるいは地方の要求を中央に認めさせればという意識に安易に走ってはいけないことを指しているのはいうまでもない。

こうした転換の大前提として、これまで以上に地方分権が進められなければならないが、その進捗状況がはかばかしくないのが気になるところではある。地方分権推進委員会が提言する国道、一級河川管理の都府県への委譲でさえ、国土交通省の抵抗でままならないでいる。中央省庁の力はそれほどに強い。しかし、考えようによっては、地方が中央を意識せずに国土形成計画を無視しておけばいいことであって、地方が自治体権限である条例制定権などのあらゆる手段を使って独自のまちづくり計画を策定すると同時に、それを根拠に権限の委譲を中央に迫っていくことが必要なのである。いずれにしても地方はあらゆる手段を行使して国土形成計画の呪縛から開放されることが必要である。地域の再生はそこから始まるに違いない。

5 まちづくり計画の前段階

国土形成計画がスタートしてから二〇〇九年末の時点で、その下位計画である広域地方計画は各広域圏で策定されてはいるが、それに基づく都府県、市区町村計画はなお策定されていないところが多い。都府県や市区町村計画は五年ないし一〇年単位で策定、展開されるのがふつうだから、これは当然といっていいだろう。したがって多くの市区町村にとって、その策定は今後の課題ということになるが、市区町村は国土形成計画にとらわれない独自のまちづくり計画を自信をもって策定したらいい。というのも市区町村によっては、これまで独自の指針を策定して、まちづくりを進めてきた例が少なくないからである。しかも多くの場合、それらはかなりの効果を挙げてきているから、市区町村は自信を持っていい。

その独自の指針によるまちづくりは、これまで二つの段階を経て進められてきた経緯を有する。第一段階は指導要綱によるものであり、第二段階は条例によるまちづくりである。そうした経緯からいうと、まちづくりは今後策定さるべきまちづくり計画によって、第三段階目に入るといっていいかもしれない。第三段階とは、これまで要綱や条例によっては、また全総計画を上位計画とする計画ではできなかったまちづくりを進めるのを目指すことにほかならない。

各地で指導要綱が制定されることになったのはずいぶん古い話になる。高度成長が始まった一九六〇年代後半から各地の自治体で乱開発を食い止める有効な手段として一般化した経緯がある。そのはしりとなったのが六五年に制定された川崎市の「団地造成事業指導基準」であり、川西市の「宅地開発事業指導要綱」であって、これに横浜市の「宅地開発要綱」などが続き、全国的に要綱行政が展開されることになり、そうした宅地開発指導要綱を制定した市区町村はピーク時の八〇年には、当時の全国区市町村の三分の一に当たる一〇〇七自治体にのぼった。それは国の法律に対する、自治体側のあくまで緊急避難的対応だったといっていい。

それらの要綱は、六八年に新たな都市計画法が施行されたものの、それが全国的視野に基づく中央主導の内容であり、多種多様のスケール、内容の地域の環境整備に対応しきれないでいたことから、その欠陥を埋めるために自治体が編み出した環境整備の手法であった。具体的には宅地開発に伴って整備すべき公共公益施設〈道路、公園緑地、治水排水施設など〉について都市計画法で定める許可基準に上乗せして地域独自の施設整備基準を定めたり、中高層建築物について住民同意を求めたり、あるいは学校などの公共施設整備のための協力金の負担を課すというのがその主な内容であった。

しかし、八〇年代に入り、民活によるまちづくりが政府の手で大々的に推進されるようになると、政府と業者による要綱潰しが始まる。要綱が民活を妨げる元凶になっているというわけで、八三年に建設省、自治省〈いずれも当時〉が繰り返し、この要綱の規制を緩和するよう自治体に通達を行い、また八四年に武蔵野市が要綱により、これを守らなかった業者に対し水道を引かなかった事件が東京高裁で違法とされたのを機に、各裁判所において要綱を違法とする判決が続出し、自治体側が要綱の厳格な実施に弱気になり始める。要綱は行政指導の体系であって法律そのものではなく、法律と同じ法的拘束力を持っていない。その拘束力に従うかどうかは、あくまで対象の業者の「良識」にかかっている。要綱にこうした限界があるのは当初からわかっていたことではあったが、自治体側はここで実際にそのカベにぶつかったのである。

だが、この間に都市の多くは地価高騰というアラシに巻き込まれ、地域のまちづくりを進めるうえでこれまでにない困難に直面することになる。しかも現行法制度のなかにはその事態に機能しえなくなったものもあり、加えて要綱自体に限界があるとすればどうしたらいいのか、その過程で一部の自治体が法と要綱の中間にあって、要綱に比べてより強制力のある条例によりまちづくりを管理することを考えるにいたる。それは民活により進められた地域空間の「経済的開発」を、そこに住む人々中心の「生活的開発」に転換させようという発想から生まれたものといっていいだろう。

そのまちづくり条例は、九八年に都市計画中央審議会が「今後の都市政策はいかにあるべきか」第一次答申のなかで、今後のまちづくりについて「基本方針を定めたり、住民組織を位置づけるなど、住民の積極的・主体的参加による個性あるまちづくり条例により推進することはのぞましいものと考えられる」とその意義を追認、評価してから制定する市区町村が増えた。

全国市長会、全国町村会などによると、二〇〇九年末の時点でまちづくり条例を制定しているところは四〇〇を超える。まちづくりへの覚悟を示した自治体は、それほどの数になる。それらを大別すると、環境系、景観系、土地利用系の三つに分けられるが、それらはもっぱらフィジカルな面に限られているのが特徴である。地域住民の生産、生活にまでおよんだ条例は見当たらない。そこがまた、これまでのまちづくり条例の限界でもあった。

九〇年代におけるまちづくり条例で評判が高かった静岡県掛川市の土地条例（正確には「掛川市生涯学習土地条例」）でさえ、その域を出ることはなかった。同条例は当時の狂乱地価による土地投機で主産業であった山林や茶畑がつぎつぎ買い占められる状況に危機感を抱いた当時の榛村純一市長が提案して、九一年に制定された。この土地条例の特色はまず第一条においてその意義を「土地の公共性に基づくその適正利用に関する生涯学習並びに市民主体の土地施策及び実施における積極的な市民参加について定め、もって良質なまちづくりに資することを目的とする」と述べているように、無秩序な乱開発から地域空間を保全するだけでなく、むしろ住民主体で積極的に良質な地域空間をつくり上げていこうと宣言したところにあった。

つまり、これまでの各地のまちづくり条例が建築物、景観、あるいは開発行為に対する規制を主に制定されていたのに対し、まちづくりへの住民参加の仕組み、合意形成過程、地区のまちづくり計画と市のまちづくり計画との整合性など、単なるフィジカルな面、すなわちハード面のみに目を向けるのではなく、その仕掛けに重点を置いた条例であるところが異色といえ、ここに注目を集めた理由があったといえる。それは当時としては画期的な条例だったのである。しかし、この条例が目指したのは、あくまで同市内における土地利用を開発業者の自由にまかせるのでなく、行政当局と住民が主体になって進めようというところに眼目があり、住民の生活と生産に直接関わりを持つものではなかった。したがって業者による土地買占めが終息すると、あまり顧みられなくなる。

ほかに九〇年代に注目を集めたまちづくり条例としては、大分県湯布院町（当時）の「潤いのある町づくり条例」（九〇年）、神奈川県真鶴町の「真鶴町まちづくり条例」（九二年）などがあるが、いずれも地域内における建築規制を目的としたもので、なお広がりを有してはいなかった。それが二〇〇〇年代に入ると、まず地域内の生産活動のあり方を宣言する条例が現れることになる。社会の変化に対応するうえで、自治体のまちづくり条例も広がりを見せることになるわけである。

その一つは、これは県条例ではあるが、「福岡県農業・農村振興条例」（〇一年）である。この条例は①地域の特性に応じて、収益性の高い、ゆとりある農業経営が確立され、将来にわたり農業が持続的に営めること、②県民が求める安全で安心できる農産物の生産が行われるとともに、食の重要性について県民の理解が深められること、③農業及び農村がはぐくんできた良好な景観の形成、水源の涵養、自然環境の保全、文化の伝承等の多面的な機能が、将来にわたって維持増進されること、を理念として、地域の特色を生かした農業を確立することをまちづくり、地域づくりにつなげようとしたものである。

そのための方向が第六条以下には述べられていて、国が進めるコメ一辺倒の農業におとなしく従っていくのではなく、より収益性の高い農業を目指すことによって地域の活性化を図ろうと、いわば脱コメ宣言がなされている。これは国の農業政策に対する、地方の側の異議申し立てといっていいだろう。まちづくりにおいても、このような脱国土計画宣言がなされなければならないのであるが、福岡県はその先取りをしつつあると理解していいだろう。

商業とまちづくりを連動させて地域再生を図ろうというのが「福島県商業まちづくりの推進に関する条例」（〇五年）である。この条例は同県内で相次ぐ大型店の出店で従来の小売商業店舗が閉店を余儀なくされ、中心市街地が空洞化しているのに危機感を抱いた人々が県や議会に働きかけ、商業街づくり審議会を設置し、その審議を経て制定されたもので、条例の核心部分は第二章第一節の「商業まちづくり基本方針」にある。ここでは知事、市町村長の商業まちづくり基本構想の策定義務を明記し、特定小売商業施設の新設に関し、まちづくり審議会などが条例とその基本構想に定めた諸条件に照らして妥当かどうか審議することになっており、従来、大店法（大規模小売店舗立地法）に合致さえしていれば新設可能だったのに歯止めをかける役割を果たそうとしている。

では、福島県はこの条例により県内で将来、どのようなまちづくりを進めようというのか、商業まちづくり審議会会長を務めた鈴木浩・福島大学教授は「歩いて暮らせるコンパクトなまちづくり、持続可能なまちづくり、七つの生活圏構想に基づくまちづくり、多様な主体による連携・協働のまちづくり、住民に身近な市町村が主役のまちづくり」といっている（鈴木『日本版コンパクトシティ―地域循環型都市の構築』学陽書房）。この条例は、そうした目標のもとに制定された。問題はその目標に向けてどう計画を立てていくかであるが、この条例は本来あるべきまちづくり計画の基礎になるものとして高く評価していいだろう。

まちづくりを進める上での基本的なルールを定めた条例としては、北海道ニセコ町の「ニセコ町まちづくり基本条例」（二〇〇〇年）がある。この条例は同町のまちづくり政策策定の手続きを定めたものであるが、そこで宣言されているのは行政と住民のまちづくり情報の共有と住民参加である。この基本原則にのっとり今後のまちづくりを進めていくというのである。まだニセコ町の将来像が見えるにはいたっていないが、これは今後のまちづくり計画への第一歩といっていいだろう（各地のまちづくり条例については、ニセコ町については触れられていないが、小林重敬編著『地方分権時代のまちづくり条例』学芸出版社、に詳しい）。

条例によるものではないが、上位計画に頼らない独自のまちづくり計画を策定して、「コンパクトシティ」づくりを進めている青森市のような例もある。同市には全国に広がりつつある新しいまちづくりの先駆けとして視察が絶えないという。

これらは自治体のこれまでの実績である。そのように見てくると、これらは1727通りのまちづくり計画策定に向けての胎動といえなくもない。まちづくり計画に向けての準備は着々と進んでいると見ていいだろう。自治体が自信を持っていい理由がここにある。

そして今後つくられるべきまちづくり計画は、脱国土計画を目指すだけでなく、福岡、福島県の条例に見るように、中央主導の政策に間違いがあるとすれば、それを超える方向を示すものでなければならない。地域再生の一つのカギはそこにあるといっていいだろう。そのようにして1727通りのまちづくり計画が完成したときに、地域再生の可能性が見えてくるに違いない。

あとがき

地域再生とまちおこしは、地域の人々ひとりひとりが、地域にもっともふさわしい方策を編み出して進めるものです。おそらく都市でも農山漁村地区でも例外はないといっていいでしょう。

そうした工夫によってたとえば、平成の大合併で中心市町に呑み込まれてしまった旧小市町が多いなかで、むしろ以前より光り輝いている地域もあります。新潟市秋葉区小須戸地区。以前は新潟県中蒲原郡小須戸町、新潟市が日本海側唯一の政令指定都市になるにさいして二〇〇五年三月、周辺一三町村とともに同市と合併した人口一万五〇〇〇人の地域です。

この町の人々が合併でもっともおそれたのは、新潟市の一地区となったら、これまで培ってきた地域の特色が失われてさびれ、住民が地域のアイデンティティを見失ってしまうのではないかということでした。そこで商工会が中心となり、どうしたら合併後も地域のアイデンティティを掲げうるか、政令指定市のなかで地域の独自性を失うことなく存続しうるかを考えた。そして立ち上げたのが「小須戸まち育て支援事業」で、その骨子は住民のまちづくりニーズを発掘する、行政と民間の役割を再確認し、両者の連携の仕組みを作る、住民によるまちづくりに透明で柔軟な資金を供給する、の三点にありました。

それらのうちもっとも力が入れられたのは、まちづくり運動団体に対する資金の供給で、そのために商工会が音頭をとって、商工会、町、住民が出資して「まちづくり活動資金」をつくり、この資金を住民が進めるまちづくりに助成することにしました。

この資金は町から交付された一〇〇万円の補助金と同額の資金をまず集めようと企業と個人のサポーターを募ることにし、企業サポーターは一口年間五〇〇〇円、個人サポーターは同二〇〇〇円。企業一八社、個人五一人のサポーターを集めた。この資金の配分がまたユニークなものでした。

つまり、この資金を配分するにあたって、応募した団体を集め、公開審査会を開いた。この場で審査結果とは別に個人サポーターが応援したいと思った団体に二〇〇〇円の中から五〇〇円を寄付できることにし、これを「投志券」と名づけた。一般の住民から応援したい団体に金額自由の寄付を募ることにし、これを「おひねり」と名づけて受け付けた。この「おひねり」が予想以上に集まった。そうしたまちづくり活動資金はこれまでに二二団体の二七事業に配分されたといいます。「おひねり」による地域再生とまちおこしというわけです。

それらの事業を見ると、パソコン教室の開設から心身障がい者施設の事業拡大、花と緑のシンボルゾーンの設置、子育て支援、町並み景観の整備など、地域の活性化につながるさまざまな事業が網羅されていて、人々がこの小須戸地区にある「資源」を大きく育て、新潟市の小さな地区になっても光り輝こうとする意気込みが感じ取れます。こうして市内のどこにもない地区をつくった。いま、この小須戸には全国から視察者が絶えないということです。

どうしてこんなことができたのか。そのひとつは、新潟大学の寺尾仁准教授の、みなでできることからやろうという助言に沿って、人々が身近なところから地域再生に取り組んだところにあるといっていいでしょう。みなでできる、身近なところから、というのが重要なところです。

この本は、長年、地域・国土政策と住宅政策に関心を持ち続けてきた執筆者の一人である本間が二〇〇九年夏、法政大学で地域政策を通じて交友のあった他の四人に声をかけてまとめたものです。数多く議論を重ねたわけではありませんが、かなりのやりとりで、それぞれ主張するところは収斂されているのではないかと思います。本間は住宅政策については前記寺尾ら三人とすでに『国際比較・住宅基本法』（二〇〇八年、信山社）として共同著書を刊行しており、これで本間は個人的には地域・国土政策と住宅政策ふたつの関心事で、より若年の仲間たちとの共同著書をまとめることができ、懸案を達して、まずは安心しているところです。

もちろん、この本をまとめたことによって、私たちの関心が一段落ということではなく、今後もときにはムシの眼で、ときにはトリの眼で全国の地域を見続けていきたい。こうした本は執筆者のみでつくれるはずはありません。それぞれ事情の異なる執筆者をまとめてくれた編集者の清達二さんの努力にあつく感謝します。

二〇一〇年九月

本間義人

執筆者紹介

檜《ひ》槇《まき》　貢《みつぐ》（はしがき，第1章）

弘前大学大学院地域社会研究科教授．1949年生まれ．主な著作に『市民的地域社会の展開』日本経済評論社，2008年，『積み木の都市東京』（共編著）都市出版，1997年ほか．

加《か》藤《とう》光《こう》一《いち》（第2章）

信州大学教授（農学部）．1953年生まれ．主な著作に『アジア的賃金の《基軸》と《周辺》』日本経済評論社，1991年，『韓国経済発展と小農の位相』日本経済評論社，1998年，『階層化する労働と生活』（共著）日本経済評論社，2006年ほか．

木《きの》下《した》　聖《ただし》（第3章）

埼玉県立大学保健医療福祉学部准教授．1962年生まれ．主な著作に『地方分権と地域福祉計画の実践』みらい，2007年，「地方分権下での基礎自治体における「福祉のまちづくり条例」の活用と福祉政策の展開」『埼玉県立大学紀要』第11巻，2009年ほか．

牧《まき》瀬《せ》　稔《みのる》（第4章）

財団法人地域開発研究所研究員．1974年生まれ．主な著作に『条例で学ぶ政策づくり入門』東京法令出版，2009年，『政策形成の戦略と展開』東京法令出版，2009年，『議員が提案する政策条例のポイント』東京法令出版，2008年ほか．

本《ほん》間《ま》義《よし》人《ひと》（第5章，あとがき）

法政大学名誉教授．1935年生まれ．主な著作に『国土計画の思想』日本経済評論社，1992年，『国土計画を考える』中央公論新社，1999年，『地域再生の条件』岩波書店，2007年ほか．

地域再生のヒント

2010年10月5日　第1刷発行

定価(本体2400円＋税)

著　者　本間義人
　　　　檜槇貢
　　　　加藤光一
　　　　木下聖
　　　　牧瀬稔

発行者　栗原哲也

発行所　株式会社日本経済評論社
〒101-0051 東京都千代田区神田神保町3-2
電話 03-3230-1661　FAX 03-3265-2993
E-mail: info8188@nikkeihyo.co.jp
振替 00130-3-157198

装丁＊渡辺美知子　印刷・製本／シナノ印刷

落丁本・乱丁本はお取替えいたします　Printed in Japan

ISBN978-4-8188-2133-0